UNE PAGE D'HISTOIRE LOCALE

JACQUES-JOSUÉ CARDONNET

1744-1793

par

Eug. DAUMET

VALS-LES-BAINS
IMPRIMERIE-LIBRAIRIE E. ABERLEN ET Cie

1899

JACQUES-JOSUÉ CARDONNET

1744-1793

UNE PAGE D'HISTOIRE LOCALE

JACQUES-JOSUÉ CARDONNET

1744-1793

par

Eug. DAUMET

VALS-LES-BAINS

IMPRIMERIE-LIBRAIRIE E. ABERLEN ET Cie

1899

Cette étude sur la vie d'un homme qui a joué un rôle important dans l'histoire de la Révolution dans le Gard, a eu pour point de départ une conférence donnée à l'Union chrétienne de Saint-Jean-du-Gard.

Sollicité par plusieurs de nos amis et en particulier par le petit-fils de Cardonnet, l'honorable M. Lauriol, à publier le résultat de nos recherches, nous avons cru obéir à un devoir en faisant connaître un homme intègre et droit que la génération actuelle ignorait et qui est l'une des gloires de notre petite ville cévenole.

Il nous est permis de regretter qu'une plume plus exercée que la nôtre n'ait pas entrepris cette tâche, mais nous espérons que l'importance de ces études historiques attirera de plus en plus l'attention de tous les hommes de cœur qui chercheront, dans les leçons de l'histoire, la saine philosophie qui doit orienter les peuples dans leur évolution vers la justice et la liberté.

EUGÈNE DAUMET.

Saint-Jean-du-Gard, 8 octobre 1898.

Le Pouget, ce 1er août 1898.

Mon cher Monsieur Daumet,

Après avoir pris connaissance des derniers chapitres de votre travail historique sur la vie de notre compatriote Jacques-Josué Cardonnet, je tiens à vous remercier du plaisir que m'a procuré cette attachante lecture. Vos recherches patientes dans les documents de l'époque, vos nombreuses citations de discours et de proclamations, votre attention à rattacher toutes les pièces de notre histoire locale à l'histoire générale de la Révolution, rendent cette lecture instructive et émouvante.

Il serait à désirer que dans mainte autre commune du Midi on fît sur le même plan un exposé aussi clair et aussi impartial des faits que les ouvrages des historiens proprement dits ont trop souvent négligés ou défigurés.

Dans le cas où votre exemple susciterait des imitateurs dans notre région, je doute qu'ils trouvent à faire revivre des figures plus sympathiques que celle de Cardonnet. C'était un cœur généreux, désireux de travailler au progrès et au bien-être de tous ses concitoyens. Son esprit éclairé, dirigé par une cons-

cience droite, lui fit toujours suivre la voie de la modération et du sage patriotisme.

Lorsque dans les fatales journées du 31 mai et du 2 juin la Convention, sous la pression populaire, se fut mutilée de ses propres mains, ses collègues du district de Nîmes et lui furent dans la même situation que leurs pères, les Huguenots de la fin du siècle précédent, lorsqu'ils attaquèrent une légalité tyrannique, pour obéir aux lois de la justice éternelle.

Cardonnet crut qu'il était juste et nécessaire de faire participer notre département à une fédération des diverses parties de la France où l'on voulait que la Convention revînt sur ses mesures de proscriptions aussi iniques qu'impolitiques. Ce n'était point qu'il fût partisan d'un morcellement de la France en plusieurs Etats fédératifs. Si la sentence du tribunal révolutionnaire de Nîmes a pu le faire croire, c'est une fausse interprétation.

Les expériences faites par les générations qui nous ont précédés seront-elles perdues pour celles qui les ont remplacées? On peut le craindre; mais quoi qu'il en soit, notre devoir est de signaler les écueils, d'honorer la mémoire des hommes de bien qui ont tout sacrifié, y compris leur vie, pour faire triompher la bonne cause.

Votre livre prouve que Cardonnet fut de ceux-là.

Recevez, cher Monsieur et ami, l'assurance de mes sentiments d'estime et d'affection.

A. MARION,

Inspecteur honoraire d'Académie.

PREMIÈRE PARTIE

Jacques-Josué Cardonnet

Jacques-Josué Cardonnet naquit à Saint-Jean-de-Gardonnenque le 2 décembre 1744. Sa mère mourut en lui donnant le jour et ce fut son aïeule, Mme Marie Rudavel, qui dut la remplacer dans les soins à donner à l'enfant.

Son père, avocat au Parlement, appartenait à une famille qui, dès 1560, s'était rattachée à la Réforme (1).

La plupart des carrières libérales ayant été fermées aux protestants, la famille Cardonnet dut demander au commerce ses moyens d'existence. Il y avait alors dans la petite cité cévenole plusieurs tanneries; les Cardonnet en dirigeaient une : le succès couronna leurs efforts

(1) Registre des baptêmes protestants, pages 2, 7, 15, 23, 36, etc. Les Cardonnet étaient alliés aux familles Salvaire d'Aleyrac, de la Coste Clerguemort, Lefèvre.

et une fortune assez considérable en fut le résultat.

M. Cardonnet père s'occupa avec beaucoup de soin de l'éducation de son fils ; celui-ci, comme son père, étudia le droit et fut reçu licencié, mais il n'exerça jamais la profession d'avocat et lui préféra celle d'agriculteur comme il le dira plus tard lors de son dernier procès.

Les détails nous manquent absolument sur les années de son adolescence et de sa jeunesse ; mais le caractère loyal, désintéressé et aimable qu'il montra dans la suite, nous donne l'assurance qu'il fut toujours un fils obéissant et un jeune homme vertueux (1).

Le 9 mars 1767, il unissait son sort à celui de Mlle Marie Campesval, d'Anduze. Jamais union ne fut mieux assortie. Mme Cardonnet, qui avait reçu une brillante éducation, fut toujours la digne et noble compagne de son mari. Esprit ouvert aux idées de liberté qui commençaient à poindre à l'horizon, elle ne se mit

(1) La date de la mort de M. Cardonnet père est inconnue. Nous savons seulement que marié en janvier 1744, il perdit sa femme en décembre de la même année. Il était décédé en 1767. lors du mariage de son fils.

jamais entre son mari et le devoir. Nous aurons l'occasion de la rencontrer dans la suite, toujours dévouée à la cause de la justice et du droit. Dix enfants naquirent de cette union dont huit lui survécurent (1).

Bien que les familles Cardonnet et Campesval se fussent soumises en 1685, lors de la Révocation de l'Edit de Nantes (en faisant, extérieurement au moins, acte d'adhésion à l'Église romaine) dès que la tolérance s'établit, sinon dans les lois du moins dans les mœurs, elles revinrent à la foi réformée et le mariage des jeunes époux fut célébré selon le rite protestant.

Le mouvement politique qui se dessinait en France depuis déjà quelques années avait trouvé à Saint-Jean de fervents adeptes. Les idées vulgarisées par Voltaire, Montesquieu et Rousseau sur le droit et la liberté étaient adoptées par les bourgeois, et l'aristocratie elle-même se

(1) Jacques né le 23 avril 1768. — Marc-Félix né le 26 janvier 1770. — Jeanne née le 25 mars 1772. — Gabriel né le 5 août 1774 (décédé). — Elisabeth née le 30 septembre 1776. — Justin né le 19 décembre 1777. — Pierre-Louis-Victor né le 26 janvier 1779. — François-Emile né le 29 novembre 1782. — Jean-Louis-Alfred né le 13 mars 1784. — Victor-Charles-Alfred né le 14 août 1785 (décédé, note au registre).

laissait facilement entraîner dans cette voie.

Jean-Jacques Cardonnet fit cause commune avec les libéraux et resta toujours fidèle à ses convictions.

Le 8 janvier 1769, il fut nommé pour la première fois membre du Conseil politique (1) de la communauté; il n'avait alors que vingt-cinq ans. Il en sortit le 27 janvier 1771 (les conseillers étant renouvelables par moitié tous les ans et n'étant pas immédiatement rééligibles).

Mais si la bourgeoisie et l'aristocratie se donnaient souvent la main pour travailler à l'affranchissement complet de la communauté, le Seigneur de Saint-Jean (2) voulait, au contraire, revendiquer des droits fort contestables en tout cas bien en désaccord avec l'état général des esprits.

Un procès fut intenté par lui à la communauté par devant le Sénéchal de Toulouse qui, par jugement du 22 juillet 1774, « fait défense aux consuls et habitants de prendre des pierres, du sable et du gravier dans la rivière sans une permission du Seigneur; de pêcher, en aucun

(1) Composé de huit membres.

(2) M. Hostalier, seigneur de Saint-Jean.

temps, dans la rivière ; maintient le dit Seigneur dans l'exercice de la police, et défend aux consuls de faire aucun ban ni proclamations sans la permission du Seigneur ou de ses officiers ; maintient le dit Seigneur dans le droit de nommer les consuls (1) sur l'échelle de nomination des six sujets éligibles qui sera faite en assemblée de la communauté en présence du juge et du procureur juridictionnel, et à défaut de présentation de la dite échelle permet au dit Seigneur de pouvoir, comme aussi maintient audit Seigneur d'allumer le feu de joie (dit de la Saint-Jean) et, en son absence, ses officiers seront tenus de présenter les flambeaux. »

Les prétentions du Seigneur de Saint-Jean furent trouvées inacceptables par le Conseil politique qui délibéra dans sa séance du 11 novembre 1774 : « que comme cette sentence contient un dispositif préjudiciable aux droits de la communauté, et qu'il est de la plus grande importance de veiller à la conservation d'y ceux, et afin qu'on ne puisse rien imputer au Conseil ni blâmer ses démarches, les consuls

(1) Maire et adjoint de l'époque, les autres membres du Conseil prenaient le titre d'officiers municipaux.

sont chargés de présenter requête à Mgr l'Intendant pour le supplier d'ordonner que, dans une affaire aussi majeure, le Conseil de la communauté sera renforcé de tel nombre des principaux habitants contribuables qu'il trouvera à propos. »

L'Intendant du Languedoc, par ordonnance lue en séance du Conseil le 17 février 1775, « permit au dit Conseil de s'adjoindre douze des plus forts contribuables pour délibérer de concert avec lui, sur les prétentions émises par le Seigneur de Saint-Jean. » Cardonnet fut l'un de ceux qui furent désignés.

Le 19 février, le Conseil ainsi renforcé, prenait la délibération suivante: « L'Assemblée, après avoir fait faire lecture par le greffier des pièces, a unanimement délibéré que la sentence du Sénéchal de Toulouse étant si nuisible aux intérêts et à ses droits, décide: que MM. les Consuls sont chargés de présenter pressantes requêtes à Mgr l'Intendant pour le supplier d'autoriser la communauté à plaider, appeler de la sentence, défendre à l'appel relevé par le Seigneur de Saint-Jean, nommer un syndic pour la poursuite de ce procès et à emprunter les sommes nécessaires pour subvenir aux frais.... »

Un langage aussi ferme fit réfléchir le Seigneur de Saint-Jean et le porta à transiger avec le Conseil; d'un autre côté, celui-ci ne croyant pas trouver auprès du Sénéchal de Toulouse un juge bien impartial, « préféra la voie de médiation et fit prier M. Pagésy, seigneur de Bordilhac et M. le chevalier de la Coste, lieutenant-colonel au régiment de l'Isle-de-France, de se rendre à Saint-Jean lesquels, après une exacte connaissance de tous les différents qui règnent entre le Seigneur de Saint-Jean et la communauté, ayant vérifié les titres respectifs, les ont jugés et après des conférences multipliées avec le Conseil ordinaire et renforcé, on est parvenu à trouver des moyens qui, en ramenant la paix dans la communauté, tendent à les affranchir de toutes contestations avec le Seigneur de Saint-Jean, et à prévenir celles qui peuvent s'élever dans la suite; sur quoi il a été fait des arrêtés qu'on a fait agréer au dit Seigneur de Saint-Jean, lesquels consisteraient entr'autres objets : 1° A faire réduire les dépenses que le dit Seigneur a déjà obtenues contre la communauté; 2° à rendre à la dite communauté la libre élection de ses consuls; 3° à procurer à la dite communauté, sous quelques modifications relatives au droit et à la bienséance, le droit de prendre des pierres, du sable et du gravier dans la rivière ; 4° déchargeant les consuls et communauté de formalités dont le même Seigneur avait obtenu par la même sentence.

« Et enfin, de céder au Seigneur de Saint-Jean la propriété d'une ruelle qui va de la porte du cimetière à la rivière, qui est de peu d'utilité pour la dite communauté surtout depuis les ouvertures faites vers le chef du cimetière. »

La majorité du Conseil accepta ces conclusions : cependant deux de ses membres, les sieurs Dumas et Teissier, contestèrent au Conseil le droit « d'aliéner et de concéder les droits, facultés et propriétés de tous les citoyens », et se réservèrent « d'attaquer la délibération contre laquelle ils font leur protestation. »

L'Assemblée « considérant que l'opposition des sieurs Dumas et Teissier n'a pour motif qu'un objet personnel qui, adopté, porterait préjudice à tout le restant des citoyens et habitants, consent que, sans s'arrêter aux protestations et oppositions des sieurs Dumas et Teissier, tout le contenu de la délibération ci-devant signée soit exécutée sans restriction. »

Nous avons donné une relation détaillée de cet incident, car il marque bien l'état des esprits à cette époque; l'affaiblissement du pouvoir seigneurial et l'apparition du parti qui, quatorze ans plus tard, devait faire la Révolution, et dans ce parti les deux fractions qui devaient se considérer comme ennemies, les modérés et les Montagnards.

Cardonnet se rangea du côté des modérés.

Le 19 mars 1775, de nouvelles élections ayant eu lieu pour le renouvellement du Conseil, Cardonnet fut nommé et prit de suite une place importante dans cette assemblée. Ses aptitudes spéciales et ses connaissances variées le signalèrent à l'attention de ses collègues qui lui confièrent plusieurs missions relativement importantes. Ainsi, il est délégué auprès de l'évêque d'Alais pour s'occuper des réclamations du curé de Saint-Jean au sujet de l'insalubrité de la maison curiale. Plus tard, en 1783, il est de nouveau délégué à Alais pour plaider la cause de la communauté au sujet de l'assiette de l'impôt.

Le 5 septembre 1774, le Conseil avait acquis de M. Clerguemort un terrain près du pont « pour faire une place et des aires publiques pour dépiquer les grains, et, en même temps, un chemin de rampe pour aller et revenir de la rivière du Gardon » ; mais il restait à faire un terrassement important pour mettre de niveau la place et le Chemin-Neuf. Dans sa séance du 11 août 1776, le Conseil décida de terminer ces travaux et de mettre ainsi cette place en état.

Le 6 janvier 1777, le jour de la fête des Rois, le Conseil fut renouvelé et Cardonnet ainsi que trois de ses collègues furent remplacés.

Le 6 janvier 1782, il reprend sa place au Conseil politique. Le 13 février il est chargé, par ses collègues, de négocier l'achat d'un terrain appartenant au sieur Jean Marion destiné à une petite place à l'entrée de la ville (1). L'affaire put se conclure au mieux des intérêts de la communauté au prix de 152 livres. Sous une bonne administration, la prospérité industrielle de Saint-Jean ne faisait que s'accroître ; aux tanneries et aux filatures de soie, vint s'ajouter l'industrie des bas de soie qui occupa bientôt un grand nombre d'ouvriers ; la population augmenta rapidement et dépassa alors 4,000 habitants.

(1) Place de la Bascule.

Par ses délibérations du 22 décembre 1782 et 9 juin 1783, le Conseil demande la nomination d'un troisième consul, ce qui lui fut accordé par ordonnance du 12 octobre 1783.

Cardonnet sortit de charge le 6 janvier 1784 mais fut réélu le 6 janvier 1787.

De graves événements commençaient à se préparer; des esprits généreux demandaient des réformes qui n'étaient jamais accordées; le roi Louis XVI, malgré sa bonne volonté, était incapable de s'orienter. On s'attendait généralement à un remaniement complet de la machine gouvernementale.

Les finances et l'état général du royaume étant dans un état déplorable, le roi dut essayer d'y porter remède; des hommes intègres et prudents furent appelés au pouvoir. Turgot et Malesherbes parlèrent de réformes, mais ne furent pas écoutés et durent enfin se retirer devant l'opposition de la noblesse et du Parlement.

Cependant la guerre d'Amérique allait commencer et le trésor royal était vide; un homme parut capable de sauver la situation, Necker, qui fut appelé au pouvoir comme directeur des finances (octobre 1776). Les réformes proposées par lui furent encore remises à plus tard par la même inintelligente opposition et il dut se retirer à son tour.

Le ministère Calonne (1783-1787), qui lui succéda, au lieu de mettre de l'ordre dans les finances, ne fit qu'accroître le déficit. Le roi dut alors se résoudre à consulter le pays.

On proposait la convocation des Etats-Généraux qui ne s'étaient pas assemblés depuis 1614, puis on finit par s'arrêter à une Assemblée de notables qui se réunit à Versailles le 12 février 1787.

Les Cévennes ne restèrent pas en arrière dans ce mouvement émancipateur. Le Tiers-Etat essaya de faire entendre sa voix et d'obtenir enfin les droits qui lui étaient toujours refusés. Dans les assemblées précédentes, les représentants des trois ordres votaient par classe, et comme l'accord se faisait invariablement entre la noblesse et le clergé, les vœux du Tiers étaient toujours méconnus. La lutte s'établit sur la question du vote non par ordre mais par tête, le Tiers ayant au moins autant de représentants aux Etats-Généraux que les deux ordres privilégiés.

Le 3 novembre 1788, une délibération de la

communauté de Saint-André-de-Valborgne fut communiquée au Conseil politique de Saint-Jean « tendant à solliciter que la communauté d'Anduze, comme chef-lieu de viguerie, convoquât un certain nombre de députés, de chacune des principales communautés qui composaient la viguerie, à l'effet d'aviser aux meilleurs moyens à prendre dans les circonstances actuelles, réclamer en faveur du Tiers-Etat une plus grande influence tant dans l'Assemblée nationale que dans les assemblées particulières. »

Cette délibération fut prise en sérieuse considération et, à l'unanimité, l'Assemblée adopta la proposition suivante :

Considérant les grands événements qui agitent le royaume et ses principaux soutiens, les besoins présents de l'Etat et les vues bienfaisantes du monarque, si digne, par l'élévation de son âme et l'étendue de ses lumières, d'en être le restaurateur. Que la France est toujours la France, qu'en ajoutant que les français seront toujours les français, c'est-à-dire toujours prodigues de leur sang et de leur bourse pour le Roy, la patrie et l'honneur; on ne peut cependant se dissimuler que, pour obvier aux inconvénients présents, on sera vraisemblablement obligé de recourir à des ressources nouvelles, et à de salutaires réformes dans les principales branches de l'administration intérieure de l'Etat ; que peut-être même l'organisation des assemblées municipales, depuis celle de la Nation jusqu'aux assemblées particulières des communautés, qui forment le dernier chainon de cette grande hiérarchie, sera formée d'après de nouveaux plans et un nouveau régime. Que même dans l'actuel, le Tiers-Etat, ordre le plus nombreux, le plus utile, le plus grevé en impôts, ne possède point cependant dans l'Assemblée nationale, ni dans les assemblées particulières, un degré d'influence relatif à ses principaux intérêts. Que l'agriculture, le commerce et les arts, base de la prospérité de l'empire, sont les objets importants que cette classe précieuse de citoyens fait fleurir, et sur lesquels elle peut être dans le cas de devoir présenter des réclamations, des observations et des projets avantageux au bien de l'Assemblée.

Qu'il est, par conséquent, essentiel de joindre sa faible voix à celle des autres communautés intéressées, afin de former un cri capable d'attirer l'attention et les bienfaits d'un monarque si jaloux d'opérer le bonheur de ses sujets, et de l'Assemblée générale, si propre à répondre à ses vues.

Et pour cela qu'il lui parait convenable d'inviter la communauté d'Anduze, comme chef-lieu de viguerie, de vouloir bien convoquer, dans sa ville, à jour fixe et prochain, une assemblée des plus forts et des plus éclairés contribuables des principales communautés qui composent la viguerie, afin d'y délibérer sur les meilleurs moyens à prendre, pour tâcher de faire apercevoir le vœu général relativement à une plus grande influence à accorder au Tiers-Etat, et ce d'après les motifs les plus puissants qui pourraient être détaillés dans un mémoire que la dite viguerie ferait dresser à ce sujet.

Le Conseil politique d'Anduze refusa tout d'abord de prendre l'initiative de cette convocation, mais revint quelques jours après sur cette décision et accepta de convoquer, dans son Hôtel-de-Ville, les représentants de la viguerie.

Cependant le Conseil de Saint-Jean « quoique flatté que la communauté d'Anduze voulut enfin adhérer à la demande contenue dans sa délibération du 9 en convoquant les députés de la viguerie..... mais, considérant que l'Assemblée des notables étant déjà en fonction et étant à craindre que les vœux des Cévennes ne parviennent pas assez tôt pour être exécutés, la délibération de Saint-Jean étant prise depuis le 11 de ce mois, approuvée par quatorze (1)

(1) Mialet, Peyroles, Sainte-Croix-de-Caderles, Vabre, Saint-Bonnet, Saint-Romans-de-Codières, Saint-André-de-

autres communautés dans tout son contenu et munie de motifs suffisamment détaillés, il est de nécessité indispensable de renoncer à offrir à la communauté d'Anduze l'honneur (qu'elle se ferait un devoir dans tout autre occasion moins urgente de lui accorder) de prendre elle-même, comme chef-lieu de viguerie, la susdite délibération en son nom, soit par la difficulté de faire renouveler les signatures, soit parce que les communautés des Cévennes et de Saint-Etienne-de-Valfrancesque (1) n'étant point membres de la viguerie ne pourront y donner leurs voix; que par conséquent il faut se borner afin de ne pas s'exposer à un nouveau délai préjudiciable au succès de la réclamation des Cévennes, à se référer à la délibération de la communauté de Saint-Jean du 11 de ce mois. »

Saint-Jean-de-Gardonnenque devint aussi le centre d'un mouvement politique important qui se continue encore dans la suite.

Valborgne, Saumane, Saint-Martin-de-Corconac, Thoiras, Corbès, Saint-Etienne-de-Valfrancesque, Anduze et Lasalle.

(1) Saint-Etienne-de-Valfrancesque se rattachait au diocèse de Mende.

Le Conseil apprenant que son action n'avait pas été isolée, que de nombreuses réclamations, du même genre, avaient été présentées à l'Assemblée des notables, mais que ceux-ci proposaient « de conserver l'organisation de l'Assemblée nationale de 1614 », c'est-à-dire que l'on voterait par ordre et non par tête de délibérant, voulut généraliser le mouvement et décider, dans sa séance du 5 décembre, d'inviter à nouveau la viguerie d'Anduze « à vouloir bien convoquer le plus tôt possible, dans le lieu le plus favorable et le plus au centre de l'arrondissement, non seulement deux députés de chacune des communautés qui composent la viguerie, mais encore d'engager les autres vigueries du diocèse à se joindre à elle, par une égale convocation de députés de toutes les communautés, de leurs dépendances ou autres qui voudraient adhérer à notre vœu, tant pour cette fois que pour des occasions subséquentes, où il pourrait être question d'offrir des remerciements si leur demande est agréée, ou des protestations et des recours à la justice, et à la bienfaisance du monarque dans le cas qu'elle fut réellement rejetée par l'Assemblée des notables. » C'était déjà la Révolution qui s'affirmait dans les Cévennes.

Le 12 décembre MM. Delbreil, Cardonnet et Marion (1), du Poujet, sont nommés « pour se rendre le 14 à la ville d'Anduze à l'effet d'assister à l'assemblée de la viguerie, pour concourir selon leur zèle et leurs lumières à toutes les vues qui peuvent favoriser le succès de la réclamation des Cévennes du 11 novembre dernier ou autres qui pourront dériver du même but. »

L'Assemblée se réunit à Anduze au jour fixé et une importante délibération y fut prise. 426 députés la signèrent. Elle fut immédiatement adressée aux ministres du roi et à l'intendant de la province.

Voulant provoquer une manifestation encore plus considérable, le Conseil, dans sa séance du 21 décembre, « constatant que parmi les mouvements qui agitent le royaume et tandis que les esprits et les cœurs se détournent avec une inquiète sollicitude vers le grand résultat de la félicité publique, le patriotisme français ne

(1) Par son mariage avec une demoiselle Campesval, M. Marion était devenu beau-frère de Cardonnet.

saurait envisager avec indifférence la discussion des intérêts de l'Etat et de chacune des parties, que les vœux respectifs de chaque contrée et des Cévennes en particulier, ont été portés au pied du trône, il paraît encore essentiel de les étayer et de les fortifier par tous les moyens propres à en favoriser le succès. Décide... que les communautés d'Anduze, du Vigan, de Sauve, de Saint-Hippolyte, de Sumène, de Valleraugue, de Meyrueis, de Lasalle et de Saint-André-de-Valborgne seront priées de vouloir bien adresser aux officiers municipaux de la ville d'Alais, leurs sollicitations tendant à engager ceux-ci à convoquer dans leur ville les députés des différentes communautés à l'effet de délibérer en commun sur les grands objets d'utilité publique que tout bon français doit envisager avec le plus vif intérêt. »

Les propositions du Conseil de Saint-Jean ayant été acceptées par toutes les communautés du diocèse, l'Assemblée fut convoquée par les consuls d'Alais, le 8 janvier 1789. Une délibération importante rédigée par Cardonnet et adoptée à l'unanimité par le Conseil exprima avec précision les réformes réclamées depuis longtemps par les Cévennes; elle fut signée par les députés désignés par la communauté (1). Cette délibération servit de base à la discussion et la plupart des articles furent acceptés par l'Assemblée d'Alais (2).

Afin d'obtenir les réformes réclamées, la dite Assemblée désigna l'abbé de Viviers, prieur de Peyroles, et en cas d'empêchemeut l'abbé de Solier, prieur de Colognac; Gabriel-François de Roussy; Antoine-François-Philibert de Julien, marquis de Mons; Rabaut-Saint-Etienne; *Cardonnet,* avocat et Quatrefages de Laroquete, bourgeois, comme commissaires afin de s'adjoindre aux autres commissaires nommés par les assemblées de Nîmes et d'Uzès.

Le 12 janvier 1789, de nouvelles élections ayant eu lieu, Cardonnet fut désigné comme maire, « étant reconnu très capable, dans les circonstances actuelles, pour régir les affaires de la communauté. »

(1) Députés de Saint-Jean : Mourgues, curé de Saint-Jean; de Viviers, prieur de Peyroles; Delbreil; le chevalier d'Algue : de Béranger de Caladon; Pestre; Clerguemort; Beau de Maguielles; *Cardonnet*, avocat, Marion du Pouget; Berthezène père, négociant.

(2) Voir appendice : M. Mourgues au nom du corps des curés et Beau de Maguielles au nom du Tiers y prononcent un discours.

Le 13 il était installé dans ses nouvelles fonctions par Boudon-Lasalle père, bailli et juge.

Il manifesta tout de suite, avec une grande sûreté de vues, le désir de ne jamais tolérer le mal et de ménager autant que possible les finances de la commune.

Les effets ayant servi autrefois aux casernes occupaient un local assez considérable dont la location était payée par la commune. Cardonnet proposa de les mettre en dépôt dans un appartement et plus tard obtint l'autorisation de les vendre. Ainsi disparurent à Saint-Jean les derniers vestiges des dragonnades (1).

Certains vols ayant été commis, il fait chercher les coupables ; une patrouille en découvre un qui « nuitamment, portait dans sa maison un jeune châtaigner de la grosseur de la cuisse, coupé vif et volé dans une châtaigneraie inconnue » ; il est cité devant le Conseil politique qui, à l'unanimité, décide de le dénoncer à M. le Procureur du Roy de la sénéchaussée de Nimes.

Plus tard, c'est une mère et sa fille qui vivent dans le désordre et l'inconduite et qui,

(1) Ces objets furent vendus 99 liv. 5 s. La location coutait 72 liv. Registre 1791 an 2 p. 70.

accusées de vol, sont reconnues coupables. Il est décidé, le 26 janvier 1791, en séance du Conseil général :

« 1° Que dans la vue de réprimer un pareil désordre et d'en solliciter la punition, de dénoncer les nommées G., mère et fille, et le sieur P., leurs auteurs adhérents et complices, à M. Albaric, accusateur public près le tribunal d'Alais.

« 2° Que les dites mère et fille seront conduites par les cavaliers de la brigade de cette ville ou autres, aux prisons de la ville d'Alais, ne pouvant y faire conduire le sieur P. attendu son évasion précipitée au moment de la capture de la mère et de la fille G. »

Le 20 février ayant appris, par une lettre de la municipalité de Frontignan, que le sieur P. a été arrêté dans cette ville, décide, à l'unanimité, « de prier MM. les Membres du Directoire de l'Hérault, de vouloir bien donner des ordres à la brigade de la maréchaussée la plus voisine de la ville de Frontignan pour qu'elle aille prendre le prisonnier et le conduire de poste en poste jusqu'à ce qu'il soit parvenu aux brigades du Gard qui voudront bien l'escorter jusqu'à Alais, pour y être jugé. »

L'édit de tolérance avait accordé aux protestants l'état-civil et le droit d'avoir un lieu convenable pour leurs sépultures ; le 2 avril 1788, le Conseil politique avait décidé l'achat d'un terrain « pour le cimetière des non-catholiques » ; la question fut reprise en 1789, mais des difficultés de plus d'un genre s'étant élevées, la chose n'eut pas de suite.

Mais quoique s'occupant avec beaucoup de discernement des affaires de la Communauté, le Conseil politique et la population tout entière suivaient avec une anxiété patriotique la marche des événements.

Après bien des hésitations, le Roy avait dû rappeler Necker, puis convoquer les Etats-Généraux. Les réclamations concernant la représentation du Tiers avaient été tellement unanimes qu'on avait été obligé de lui accorder un nombre de représentants égal à celui des ordres privilégiés.

Les Etats-Généraux s'étaient réunis à Versailles (5 mai 1789) et il avait été décidé que l'on voterait non par ordre mais par tête ; c'était la victoire du Tiers-Etat, la ratification des vœux exprimés quelques mois auparavant par les assemblées politiques des Cévennes. Par la fusion des trois ordres, l'Assemblée nationale s'était constituée et Necker, un instant éloigné, était rappelé; un mouvement de réaction avait été étouffé par le peuple de Paris qui, le 14 juillet, s'emparait de la Bastille et la démolissait.

Ces nouvelles arrivèrent à Saint-Jean-de-Gardonnenque le 22 juillet et, immédiatement, une assemblée patriotique fut convoquée à l'Hôtel-de-Ville.

Nous ne saurions mieux faire qu'en donnant ici le procès-verbal de cette mémorable séance :

Ce jourd'hui 22 juillet 1789, la généralité des citoyens de cette ville, joints aux officiers municipaux assemblés dans la salle ordinaire de l'Hôtel-de-Ville par M. Cardonnet, avocat, seigneur de Cambounéral, premier consul, maire, a été dit :

Messieurs,

C'est avec les plus vifs transports, mêlés de l'émotion la plus délicieuse, que je m'empresse de vous communiquer la joie que m'inspirent les heureuses nouvelles que je viens de recevoir et de vous inviter à conserver dans vos archives la mémoire de ce jour fortuné; en proie aux plus cruelles alarmes et aux incertitudes les plus accablantes, nous attendions, avec cette impatience et cette sollicitude si naturelles à tout bon français, à tout patriote, à tout citoyen, l'issue importante de cette crise terrible qui menaçait les destinées de l'Etat, avec les regrets de ne pouvoir coopérer à son succès que par nos vœux et nos prières.

Malheureusement, messieurs, nos craintes n'étaient que trop bien fondées; un deuil universel s'était répandu sur la France; le cri de la désolation retentissait de toutes parts; le patriotisme murmurait et l'abattement le plus funeste pesait sur les cœurs et sur les esprits. Necker n'était plus, que dis-je, il respirait encore mais il était mort pour la France (et qu'est-ce en effet que l'existence pour qui ne veut vivre et mourir que pour le salut de l'Etat!) C'était le fruit de ces idées consolantes et lumineuses, de ces projets salutaires qu'il avait formés pour la restauration de la Monarchie que nous avions à regretter; la Nation avait trouvé des ennemis jusque dans ses premiers défenseurs; notre bon, notre vertueux souverain avait été surpris par des conseillers perfides; les trames les plus odieuses avaient été ourdies dans l'ombre du silence; les complots les plus atroces allaient être exécutés et la Monarchie expirait, si le génie tutélaire de la France ou plutôt l'Etre suprême et nos dignes représentants n'avaient veillé sur elle. Le calme le plus heureux succède enfin aux plus noirs pressentiments, et c'est aux coupables seuls à trembler.....

Arrêtons nos regards sur nos héroïques représentants, sur ces fidèles communes dont le courage et l'impassibilité au milieu des dangers les plus imminents n'ont jamais envisagé que le salut de la France; qui, émules des plus grands hommes de l'antiquité, ont véritablement surpassé leur modèle et prêts à se sacrifier pour la patrie, ont mérité d'elle l'honneur de l'immortalité.....

A cet effet, et pour monument authentique de nos sentiments, offrons-leur, dans une respectueuse adresse, le tribut d'éloges, d'admiration, d'amour et de reconnaissance que nous leur devons pour leur dévouement magnanime aux vrais principes de la constitution française et de la liberté, aux droits de l'homme et du citoyen, pour le zèle et les talents avec lesquels ils les ont développés et la fermeté avec laquelle ils les ont défendus, au péril même de leur vie.

Afin de solenniser, autant qu'il est en nous, un jour aussi remarquable et un événement aussi heureux, et de faire participer nos concitoyens et nos frères à l'allégresse générale qui se répand d'un bout du royaume à l'autre, j'ai l'honneur de vous proposer, qu'après avoir rendu grâce à l'Etre suprême qui nous protège d'une manière si distinguée, et avoir assisté au *Te Deum*, auquel notre pasteur patriote a bien voulu nous inviter, nous ordonnions un feu de joie public et une illumination générale, et permettions aux habitants de cette commune de se livrer à telles autres réjouissances honnêtes qui sont usitées en pareil cas.

L'Assemblée, après avoir entendu la proposition, y a unanimement acquiescé et a nommé pour remplir son objet MM. Cardonnet, avocat, premier consul, maire, Beaux de Maguielles, Boudon-Lasalle, Bertezène et Dumas, aussi avocats au parlement.

En conséquence, MM. les Commissaires qu'elle a nommés, lui ont présenté l'adresse suivante qu'elle a unanimement adoptée :

RESTAURATEURS DE LA PATRIE,

Agréez le juste tribut de la vive gratitude que vous offre notre contrée. Vos travaux périlleux, votre généreuse intrépidité, votre dévouement magnanime ont sauvé la Nation du gouffre où ses ennemis voulaient la plonger. La coupable aristocratie semblait tenter de s'asseoir sur les marches du trône et de fouler le royaume à ses pieds. Vous l'avez abîmée elle-même dans ses propres attentats......

Nous vous déclarons hautement que nous nous sentons français avec toute la dignité d'un peuple qui croirait mériter des fers s'il ne les faisait redouter à ses oppresseurs. Daignez satisfaire les mânes des martyrs de la patrie et soyez sûrs qu'ils sont prêts à se multiplier. Vos instances pour le rappel d'un ministre choisi par la Providence, pour le salut de l'empire excitent en nous des actions de grâce particulières. Puisse-t-il agréer, avec une encourageante satisfaction, l'hommage que nous lui adressons dans cet épanchement de nos cœurs vers vous, et tenir de l'Assemblée nationale le titre glorieux de *ministre de la Nation!* Poursuivez, dignes représentants du peuple français; et en procurant à la Nation reconnaissante les plus heureuses destinées, jouissez à jamais de la gloire qui vous environne.

(Suivent 168 signatures).

Le 31 juillet, le Conseil reçoit une communication des officiers municipaux de la ville d'Anduze lui annonçant « que différentes troupes de bandits infestent déjà le Vivarais. » Désireux de « prendre les mesures les plus convenables à la sûreté de la ville », sur la proposition de Cardonnet, il est décidé « d'établir préalablement avant tout autre mesure un conseil permanent qui serait composé du Conseil ordinaire de la communauté et de 18 autres membres choisis parmi les notables citoyens de cette ville... » Deux heures après ce conseil permanent se constituait et prenait de sages résolutions en vue de prévenir les excès possibles. Une garde bourgeoise composée de 600 citoyens est chargée de veiller à la sécurité des personnes et à la conservation des propriétés.

Toutes ces dispositions produisirent une impression profonde qui faillit tourner au tragique. Le 1er août, de grand matin, des gardes bourgeoises des quartiers suburbains furent prises pour les ennemis eux-mêmes. On bat la générale, on sonne le tocsin, des personnes pâles et tremblantes courent dans les rues avertissant de se barricader, arrachant les citoyens au sommeil. La frayeur persuade à un quartier que l'ennemi est dans l'autre; on certifie que le sang a coulé. Le cri : aux armes! retentit de toutes parts; des exprès sont dépêchés en voiture pour avertir les communes environnantes et demander du secours : Anduze, Lasalle, Monoblet, Mialet, Thoiras, Corbès, Soudorgues, Sainte-Croix-de-Caderles envoient de suite leurs gardes bourgeoises. Vingt autres communes plus éloignées font partir des détachements considérables qu'on fit rétrograder dès qu'on s'aperçut que c'était une fausse alerte. Mais déjà 3,000 hommes étaient arrivés, et au milieu d'eux, une jeune fille de Soudorgues, Marianne Cabanis, marchant un fusil sur l'épaule entre ses deux frères. Ce fut l'héroïne du jour. On la promène dans la ville au son des tambours et des fifres et une souscription est ouverte pour la doter (1).

La journée commencée dans les plus vives alarmes se termina par des réjouissances publiques auxquelles prirent part toutes les classes de la population.

Le 4 octobre, MM. Marion et Monod, officiers municipaux, sont chargés de négocier, auprès de M. l'Intendant du Languedoc, l'achat de 300 fusils qui seront distribués aux gardes nationaux.

Par un décret du 6 octobre, l'Assemblée nationale avait demandé à la Nation un milliard, somme nécessaire à l'équilibre du budget. Tout citoyen dont le revenu dépassait 400 livres devait verser, comme contribution patriotique, le quart de ce revenu, et ceux qui possédaient moins étaient invités à une offrande volontaire dans la mesure de leurs moyens.

Cardonnet réunit le Conseil permanent et, dans un éloquent discours, lui rappelle à la fois ses droits et ses devoirs : « Qui de vous, messieurs, dit-il, il y a six mois, n'eut pas sacri-

(1) Bulletin du conseil permanent de Saint-Jean-du-Gard du 3 avril 1789 (collection F. Rouvière).

fié le quart de sa fortune, s'il eût pu se flatter d'obtenir par là les heureuses déterminations de l'Assemblée nationale; s'il eût envisagé que cet abandon généreux allait lui assurer à jamais les droits de l'homme et du citoyen si indignement outragés jusques là, s'il eût crû pouvoir contribuer à l'édifice de cette excellente constitution qui va rendre le peuple français le premier peuple du monde.

« Voyez ce que vous étiez et ce que vous allez être ; flétris par le despotisme, vexés par l'autorité, accablés par les extorsions fiscales, outragés par les privilégiés, foulés par l'orgueil, écartés des emplois, vous n'osiez pas même développer un mérite éminent, ni une âme grande et vous gémissiez avec amertume sous le poids odieux de vos chaînes. »

Ces paroles, empreintes d'un patriotisme si élevé, allèrent droit au cœur des habitants de Saint-Jean qui versèrent au trésor 37,000 livres. Les femmes, les enfants même offrirent, à leur tour, leurs bijoux : 50 boucles d'oreilles, 2 chaînes en or, un Saint-Esprit, une bague, 2 bracelets, etc. qui furent remis au directeur de la monnaie à Montpellier et évalués à la somme de 691 livres, 12 sols, 6 deniers.

Le 14 décembre, l'Assemblée nationale rendait un décret relatif à la réorganisation des municipalités et à leur élection par un nombre déterminé d'électeurs.

Le recensement de la population devant précéder ces élections, Cardonnet s'empressa d'en entretenir le Conseil politique qui désigna six citoyens pour faire le recensement des habitants de la ville et seize pour la campagne. Le résultat fut que la commune comptait 4,134 habitants dont 2,568 pour la ville et 1,566 pour la campagne.

Le nombre des citoyens actifs ou électeurs s'élevait à 466 et celui des citoyens éligibles à 218.

Ces élections eurent lieu le 8 février 1790. Deux assemblées furent jugées nécessaires étant donné le nombre considérable des électeurs : la première se réunit à l'Hôtel-de-Ville sous la présidence de Cardonnet; la seconde à l'Eglise paroissiale et sous la présidence de M. Clerguemort.

Les élections durèrent deux jours : Cardonnet fut élu maire par 311 voix sur 371 votants : MM. Teissier, Labaume, Roux, Jean Boudon, Bazet, Molines, Poussielgue et Soubeiran, officiers municipaux.

L'Assemblée des notables fut composée de MM. Roque, de la Jonquière; Dhombres, de Falguière; Roquier; Soubeiran, du Pied-de-Côte; Thérond, des Abélières; Jacques Barnier; Dumas, de Luc; Dumas, avocat; L. Marion, cordonnier; Jauvert, de Saliens; Thérond, de la Bastide; L. Soubeiran, négociant; Jourdan, de Camplosis; Michel; Pierre Dumas, d'Arbousses; Guizard du Ponteils; Barnier, bourgeois et Marc Teule.

MM. Barnier et Dumas, avocats, ayant donné de suite leur démission, furent remplacés par MM. David Boudon et Martin, boulanger.

M. Bertezène fils, avocat, fut nommé procureur de la commune.

Le 25 février, la nouvelle municipalité rédigeait une adresse à l'Assemblée nationale dans laquelle tout en exprimant son admiration et son dévouement aux représentants de la Nation, elle réclamait pour Saint-Jean, qui s'était vu refuser le titre de chef-lieu de district, une compensation (maison d'éducation nationale, tribunal, hospice, etc.).

Mais un homme public ne peut remplir longtemps son mandat sans soulever contre lui la jalousie, l'envie et par cela même la diffamation. Cardonnet en fit bientôt la pénible expérience. Il fut accusé « de trahir la patrie, de vendre ses concitoyens, d'avoir adressé à l'Assemblée nationale un verbal incendiaire, etc. » Il protesta énergiquement contre ces fausses accusations dans la séance du Conseil général (1) du 18 mars : « Comme tous ces attentats, dit-il, ne peuvent qu'allumer la discorde dans cette ville, en y excitant une dangereuse fermentation; comme nous devons tâcher d'en prévenir les suites; comme en même temps *mon honneur qui m'est plus cher que la vie se trouve indignement outragé* (2)... » il demande au conseil de « prendre une délibération qui le décharge de la manière la plus authentique, d'imputations aussi graves » et de lui donner la plus grande publicité.

L'Assemblée déclara « que M. le Maire est incapable de ce dont il est si mal à propos accusé, que les sentiments et la conduite qu'il a tenus méritent l'éloge du public et la confiance qui lui a été accordée à si juste titre; en conséquence, elle déclare que sa cause sera celle de

(1) Réunion de la municipalité et des notables.
(2) Souligné à l'original.

la commune, et que, si les bruits et les calomnies continuent, elle sévira suivant la rigueur des lois contre les mauvais esprits qui pourraient lui donner quelque crédit. » Une attitude aussi énergique découragea les diffamateurs.

Mais les haines religieuses, un instant assoupies, se réveillaient dans le Midi ; les protestants, qui commençaient à célébrer publiquement leur culte, furent violemment attaqués. Le vénérable curé de Saint-Jean, M. Mourgues, vint spontanément répondre aux fausses accusations par un certificat qu'il déposa sur le bureau du Conseil général et qui fut inséré dans le procès-verbal de la séance du 4 juin 1790.

..... Nous certifions, que nous n'avons jamais exercé les fonctions publiques de notre ministère avec plus de confiance, d'encouragement et de liberté que depuis la tolérance religieuse si solennellement consacrée par l'Assemblée nationale et surtout depuis le sublime décret du 13 avril 1790. Protestants et catholiques, nous nous faisons tous un devoir de nous regarder comme frères, et nous osons nous promettre que si la diversité des cultes nous sépare encore quelque temps, elle ne nous divisera jamais. *Signé :* MOURGUES,

curé, citoyen et archiprêtre.

Saint-Jean-de-Gardonnenque, 3 juin 1790.

Les calomniateurs se turent un instant, mais recommencèrent de plus belle leur œuvre néfaste.

Le Conseil vota une adresse à l'Assemblée nationale à l'occasion de nouvelles imputations infamantes contre les protestants. C'est Cardonnet qui la rédigea, en voici la partie principale :

Un de vos membres, messieurs, que nous désirerions être aussi célèbre par son patriotisme que par ses talents, a légèrement avancé, pendant votre séance du mardi 24 mai, « que c'est des Cévennes et du département du Gard que des protestants sont partis pour aller composer l'armée d'Avignon..... » La commune que nous avons l'honneur de représenter, l'une des plus considérables du pays qu'on inculpe, vivement affectée d'une calomnie aussi grave que dépourvue de fondement, ose verser dans votre sein, par notre organe, le témoignage de sa sensibilité et le vœu d'une réparation que méritent, au plus juste titre, ses principes et sa conduite.

Oui, messieurs, nous osons vous l'affirmer par ce qu'il y a de plus sacré, les peuples de nos contrées sont incapables du tort dont on a voulu les noircir, jamais l'esprit de faction ne les a entraînés à des démarches odieuses ; et si quelques individus vagabonds et pervers eussent été se dégrader, à notre insu, par la dévastation, le meurtre et le pillage, nous les repousserions avec indignation du milieu de nous. Les Cévenols ne sont point de séditieux fanatiques; ils se souviennent encore, en frémissant, des maux terribles dont la superstition les a accablés, opprimés trop longtemps par le despotisme politique et religieux; ils n'ont point la force, et encore moins la criminelle audace d'exciter des troubles que leur position et leurs sentiments leur interdisent de concert ; et ils profitent, en paix et en silence, des bienfaits et de la justice que leur assure la sublime déclaration des Droits de l'homme et du citoyen que vous avez décrétée si honorablement.

Daignez donc, justes dispensateurs de la louange et du blâme, ne pas ajouter foi à des bruits aussi faux qu'injurieux, et regarder toujours les habitants du pays des Cévennes comme les plus zélés partisans de l'heureuse constitution qu'ils bénissent; les citoyens les plus soumis aux lois de l'empire qu'ils respectent et les plus intrépides défenseurs de la patrie et de la liberté pour lesquelles ils verseront jusqu'à la dernière goutte de leur sang, s'ils en sont légalement requis, mais qui verront, toujours à regret, couler celui de leurs voisins, au service des fureurs d'une guerre civile.

Des dissentiments assez graves avaient désuni deux hommes qui méritaient l'un et l'autre d'occuper la première place : Bertezène (1) et Cardonnet. Le premier fut nommé administrateur du Gard le 15 juin 1790, et donna sa démission de procureur de la commune. Il ne voulut pas quitter ses collègues du Conseil général sans leur exprimer ses regrets et les assurer de son attachement sincère.

Le 6 juillet, en prenant congé d'eux, il prononça l'allocution suivante :

Messieurs,

Appelé par le suffrage du corps électoral à l'administration du département du Gard, je viens vous remettre la charge de Procureur de la commune dont j'étais revêtu parmi vous, mais en allant me réunir aux nouveaux collègues auxquels on me fait l'honneur de m'associer, je serais toujours flatté d'emporter avec moi le témoignage d'estime, d'affection et de bienveillance de ceux que je quitte. S'il est donc parmi vous, messieurs, des cœurs que j'ai pu indisposer par les expressions que j'ai insérées moi-même dans vos registres, qu'elles en disparaissent, j'en requiers volontiers la radiation, heureux de pouvoir, à ce prix, faire renaître la paix et la cordialité parmi nous.

(1) Fut membre de la Convention.

A laquelle Cardonnet répondit :

Messieurs,

Tout langage de paix et de conciliation doit trouver accès dans nos cœurs, surtout quand le bien public peut en être l'objet ; un oubli franc et généreux de notre part doit être le prix du noble désaveu de M. le Procureur de la commune ; empressons-nous donc d'effacer de nos cœurs tout ce qui pourrait nous retracer le souvenir de notre désunion. C'est par l'établissement d'une paix sincère et cordiale parmi nous que nous devons préparer nos âmes à cette fédération générale et sublime, qui de tous les guerriers et de tous les citoyens de ce vaste empire ne fera plus désormais qu'un peuple immense d'amis et de frères.

Nobles paroles révélant de nobles *cœurs !* L'assemblée vivement émue décida que ces deux propositions seraient transcrites dans ses registres « pour être à jamais un monument du patriotisme qui les a produites. »

La garde bourgeoise, maintenant garde nationale, maintient l'ordre. Cardonnet obtient à diverses reprises, de l'Intendant du Languedoc, des armes qui sont distribuées à cette milice. Une mutinerie qui se manifesta dès le début fut vite réprimée et le bon sens fit revenir les égarés d'un jour. Mais lorsque ses services étaient réclamés ailleurs, elle courait partout où la liberté était menacée par le fanatisme ou la réaction. Le 14 juin 1790, 200 hommes partent pour Nîmes où des troubles avaient éclaté.

Le 18 février 1791, le directoire d'Alais écrit au Consul : « que la veille, 1,500 hommes de prétendues troupes de gardes nationales sont entrées dans Saint-Ambroix, se sont emparées de la ville, sous prétexte de désarmer les protestants, et qu'ils se vantent de se rendre à Alais. » Il demande l'envoi immédiat de la moitié de la garde nationale.

Plus tard, le 27 mai 1793, 200 hommes de Saint-Jean et 100 de Mialet et de Corbès volent au secours des patriotes de Florac assiégés par le contre-révolutionnaire Charrier.

Mais ce ne fut pas seulement pour maintenir l'ordre et la liberté à l'intérieur, que se manifesta le dévouement de ces soldats-citoyens; lorsque la Patrie fut déclarée en danger, 600 hommes de Saint-Jean étaient sous les drapeaux pour repousser l'ennemi et conserver l'intégrité du sol national.

Pendant tout le temps qu'il exerça les fonctions de maire, Cardonnet saisit toutes les occasions pour exciter chez ses concitoyens l'amour de la Patrie. Le premier anniversaire de la prise de la Bastille lui en fournit une occasion; c'est lui qui organisa cette fête mémorable dont nous trouvons le récit dans les procès-verbaux de l'Assemblée communale. Nous ne résistons pas au plaisir de le donner ici in-extenso.

Le matin du 14 juillet, il fut dressé sur l'Esplanade de cette ville un autel de la patrie, orné de fleurs, de guirlandes de lauriers, de devises relatives à l'objet important du jour. La garde nationale, les dragons de la légion, ainsi que la brigade de la maréchaussée de cette résidence s'y rendirent sur les dix heures et demie du matin, en costume militaire, et y trouvèrent les citoyens rassemblés au nombre de plus de trois mille. Après que la troupe se fut mise en ordre de bataille, la compagnie de grenadiers, précédée d'une musique nombreuse, fut commandée pour aller chercher et escorter les drapeaux. Cette première compagnie, à la tête de laquelle marchait la musique, fut prendre le Conseil général à la Maison-de-Ville, et dès qu'elle fut arrivée sur le local, et eut pris place sur ses sièges ordinaires aux deux côtés de l'autel, M. le Procureur de la commune (1), nommé l'avant-veille en remplacement de son prédécesseur, qui avait été élu membre du département, prononça un discours de remerciement sur sa nomination, dans lequel il peignit énergiquement les sentiments de patriotisme dont il est animé, et ceux que l'objet de la cérémonie devait inspirer à tout bon français. Il reçut de la commune les applaudissements qu'il méritait à toute sorte de titres.

M. le Maire monta, après lui, sur le marchepied de l'autel et il y prononça un discours analogue à la cérémonie, dans lequel, après avoir développé avec le zèle qui l'inspire ordinairement, les avantages de notre constitution naissante; montré la supériorité que le peuple français allait acquérir sur les autres peuples de la terre; et s'être félicité du bonheur et de la gloire qui allaient rejaillir sur la patrie par le concert salutaire et propice qui régnerait désormais entre la Nation, la Loi et le Roy, il finit par exprimer ses vœux pour nos augustes représentants; pour le maintien des sages décrets et pour la prolongation et la félicité des jours de notre vertueux monarque; avec le ton d'une sensibilité qui partait du fond de l'âme, et implorer la protection du ciel pour l'accomplissement et la conservation de l'édifice admirable de la liberté que le peuple français vient de conquérir. La commune montra, par les

(1) Boudon-Lasalle, fils.

plus vifs applaudissements, combien elle approuvait ces principes et se trouvait disposée à prêter dignement le serment auguste qui allait lui être demandé.

Le Conseil général de la commune prêta ensuite à midi précis et individuellement le serment civique et jurant : « de rester à jamais fidèle à la Nation, à la loi, au Roy ; de maintenir de tout son pouvoir la constitution décrétée par l'Assemblée nationale et sanctionnée par le Roy ; de protéger, conformément aux lois, la sûreté des personnes et des propriétés ; la libre circulation des grains et des subsistances dans l'intérieur du royaume ; et la perception des contributions publiques, sous quelques formes qu'elles existent ; de demeurer unis à tous les français par les liens indissolubles de la fraternité, et de ne jamais prendre les armes pour soutenir des opinions religieuses. »

Le serment avait été gravé en grands caractères sur un tableau placé au-devant de l'autel ; la légion tout entière défilant sur les deux lignes et avec le plus grand ordre ; les officiers, dragons, soldats, cavaliers dirent hautement : « Je le jure. » Tous les citoyens de tout âge en firent autant, avec les plus vifs transports, et le serment sacré retentissait au fond de tous les cœurs et brillait sur tous les visages.

Les citoyennes brûlaient de prendre part aux mêmes engagements, et leur impatience paraissait jusque dans leurs regards ; enfin, leur tour étant arrivé, elles défilèrent en bon ordre avec leurs enfants, entre une double haie de soldats, et l'épouse du Maire, s'approchant de la municipalité, ses enfants à la main, elle lui adressa quelques vers, par lesquels outre le serment civique ordinaire, que des femmes pouvaient prêter, et celui d'exhorter sans cesse leurs maris à verser jusqu'à la dernière goutte de leur sang, s'il le fallait, pour l'honneur et la défense de la patrie, elle consacra, avec attendrissement, au nom de ses compagnes, tous leurs enfants à la Nation en jurant de les élever dans les principes de la Constitution et dans l'amour et la soumission la plus entière pour les dignes représentants auxquels nous en sommes redevables, pour les lois dont ils ont dicté et dicteront à l'avenir les oracles, ainsi que pour le vertueux monarque qui préside également au bonheur de la France; finissant enfin par promettre de graver, dans ces jeunes cœurs, cette maxime patriotique : « *Vivre libre ou mourir, il n'est pas d'autre sort.* »

Pendant tout le temps de la cérémonie, la musique exécutait à moitié voix l'ariette :

Où peut-on être mieux qu'au sein de sa famille ?

Le curé vénérable de cette paroisse monta pour lors sur le marchepied de l'autel et se plaça à la droite de M. le Maire, tandis que le digne pasteur protestant (1) occupait la gauche; après qu'ils eurent

(1) Elie Dumas.

prêté l'un et l'autre l'auguste serment, avec le ton le plus énergique de la sincérité, M. le curé, accompagné de la musique, entonna un hymne à la liberté qu'il avait composé, et dans lequel il exprima des pensées fortes et patriotiques, la tolérance religieuse la plus digne de son cœur et de la philosophie du siècle, et développa avec le ton de l'éloquence et du sentiment les talents distingués qu'on lui reconnaît. L'allégresse publique lui témoigna hautement, par des battements de mains réitérés, les cas que l'on faisait de ses principes ainsi que de la manière noble et touchante avec laquelle il les avait exposés. Après quoi le curé et le ministre s'embrassèrent cordialement.

M. le Maire, encouragé par la joie publique, chanta ensuite, accompagné par la symphonie, des stances relatives à ce moment imposant, également destinées à célébrer un si beau jour, à porter tous les cœurs à l'oubli des rancunes et à se faire jurer respectivement l'union et la fraternité la plus intime. Un tel but ne pouvait manquer d'être applaudi, et cet heureux présage dut flatter sensiblement son cœur qui se fait la plus douce jouissance de voir ses concitoyens, ses amis et ses frères unis et satisfaits.

M. le Maire invita ensuite la commune, dont les quatorze quinzièmes des membres sont protestants, à se rendre processionnellement à l'église, pour y rendre grâce en commun à l'Etre suprême et y chanter un *Te Deum* solennel ; ce qui fut exécuté avec un ordre et une décence admirables, avec l'accompagnement de la musique et une double décharge de mousqueterie de la Légion. Le pasteur protestant occupait la première place dans le chœur.

De là, M. le Maire, ayant à ses côtés les deux pasteurs et les autres ecclésiastiques à la suite mêlés avec le corps municipal et la garde nationale, commencèrent à défiler, précédés des tambours et de la musique, les citoyens rangés deux à deux et les citoyennes ensuite, marchant en procession. Après avoir traversé la principale rue de la ville, on se rendit au local (1) où les protestants tiennent ordinairement leurs assemblées religieuses; là, après que tout le monde eut pris place et que la municipalité, le curé, le vicaire et autres ecclésiastiques furent assis dans le Parquet (2), le pasteur monta en chaire et adressa au peuple un discours vraiment sentimental, dans lequel, après avoir retracé l'époque mémorable de la conquête de la liberté par la prise de la Bastille, dépeint les avantages de l'excellente Constitution dont nous allions avoir le bonheur de jouir, exhorta ses auditeurs à consacrer leurs biens et leurs vies à son maintien, à l'obéissance due à la Nation, à la Loi, au Roy, et avoir développé avec toute l'éloquence qui lui est familière les principes patriotiques qui l'animent, il finit par se féliciter de voir

(1) Le Pavillon.

(2) Places réservées aux pasteurs, diacres et anciens.

tous les citoyens confondus ne mettre aucune différence entre un culte et un autre culte, se regarder tous comme des amis et des frères, des adorateurs d'un seul Dieu et de zélés partisans d'une doctrine qui, chez tous les peuples du monde, prêche le respect, la reconnaissance et l'amour pour l'Être suprême, la soumission aux lois de l'Etat et l'attachement sincère à ses semblables, quelque pays qu'ils habitent et quelque religion qu'ils professent.

Des applaudissements généraux ne permirent point de distinguer de quelle communion ils partaient et c'était un spectacle digne d'un bon citoyen et d'un vrai philosophe que de contempler, pour la première fois, une réunion de sentiments, de concorde et d'humanité parmi ceux même qui peuvent être encore légèrement divisés d'opinions religieuses, et surtout de voir deux pasteurs de communions différentes s'embrasser fraternellement et les autres citoyens des deux religions suivre un aussi bel exemple.

Le *Te Deum* fut chanté immédiatement après en français et en musique par un chœur choisi de jeunes dames et demoiselles qui réunissaient à leurs charmes et à leurs vertus les voix les plus distinguées ; il fut suivi d'une double décharge de mousqueterie.

L'on se retira ensuite dans le même ordre, et la procession générale s'étant rendue sur la place publique, sans qu'il fût arrivé dans la rue le moindre accident, toujours accompagnée du bruit des applaudissements répétés qui partaient des fenêtres et des cours ; il fut donné congé tant à la troupe qu'aux autres habitants.

De là, la municipalité, suivie d'un grand nombre de bons citoyens, se rendit à un dîner patriotique qui avait été préparé sous la tonnelle charmante du jardin du vénérable curé; tandis que MM. les officiers et les dragons de la Légion se rendirent également à celui qui leur avait été destiné.

Cette gaieté franche et agréable que la liberté ne peut manquer d'inspirer présida à ces différents festins. Le premier députa deux de ses membres à l'autre pour porter leurs santés et témoigner aux convives les sentiments de fraternité qui les animaient; ceux-ci y satisfirent de la manière la plus honnête et la plus empressée en venant tous en corps répondre à la première démarche; on chanta, on s'embrassa et on réconcilia tous ceux qui se trouvaient troublés. C'était un spectacle véritablement attendrissant que de voir des cœurs ci-devant aliénés se courber l'un vers l'autre, éteindre toutes leurs rancunes, épancher leur joie et se dévouer à l'envi à l'oubli des injures et aux douces inspirations de la concorde et de la paix.

Les dames qui étaient venues jouir de ce délicieux aspect furent conduites par tous les convives réunis et précédés de la musique, à un bal public où tout le monde fut admis et où l'on dansa jusqu'à neuf heures du soir, heure à laquelle la municipalité, suivie de la garde nationale et précédée de la musique, fut en grande pompe allumer le feu de joie préparé sur une des places publiques de la ville ; on y fit deux décharges de mousqueterie ; il fut tiré une vingtaine de fusées volantes et lancé un grand nombre de serpenteaux. Le peuple, avec des transports d'allégresse bien naturelle, dansa un rondeau immense autour du feu en criant : Vive la Nation, la Loi et le Roy. A peine le feu commençait-il à s'éteindre qu'on reprit, dans le même ordre, le chemin par lequel on était venu, et la troupe ainsi que les citoyens étant arrivés à l'Esplanade (1), il y fut brûlé un feu d'artifice au milieu duquel brillait, principalement, un soleil aux trois couleurs de la Nation.

La ville entière était illuminée, le peuple répandu dans les rues témoignait son allégresse de mille manières innocentes, et la plus légère dispute ne troubla point la beauté de ce jour mémorable qui se termina à la satisfaction générale des citoyens ainsi que de la municipalité qui en avait dirigé l'emploi, et dont le verbal retracera perpétuellement à nos neveux l'époque fortunée du règne de la liberté et la joie que leurs ancêtres ont hautement manifestée.

Mais ce beau jour eut un triste lendemain, ce qui nous rappelle l'adage populaire : « A toute médaille, il y a un revers. »

La population de Saint-Jean s'était considé-

(1) Place de la Révolution.

rablement accrue, pendant ces dernières années; un grand nombre d'ouvriers y trouvant de l'occupation et un salaire convenable s'y étaient fixés; mais en 1790 le travail manqua et la misère se fit bientôt sentir; de plus, le blé et en général toutes les denrées alimentaires se vendaient très cher.

Le 17 août, Cardonnet demandait au Conseil municipal :

« 1° De faire faire une proclamation tendant à inviter tous les citoyens aisés de la commune, de quelque profession qu'ils soient, à faire travailler chacun dans son genre autant que leur position respective pourra le leur permettre.

« 2° De s'occuper, au plus tôt, des moyens de former un établissement public capable de prévenir, dans cette ville, la disette des comestibles. »

Le 23, une *Société de secours* était constituée au capital de 3,000 livres divisé en 120 actions. Son but était de constituer un approvisionnement en rapport avec les besoins de la population, ensuite de vendre à prix réduit à la classe nécessiteuse (1).

(1) Voir appendice. *Statuts*.

Tout en remplissant, avec beaucoup de zèle, ses fonctions de Maire, Cardonnet devait s'occuper aussi de l'exploitation de ses propriétés. Un incident qui se produisit à cette époque mérite d'être signalé.

A Cambounéral, propriété appartenant à Cardonnet, se trouvait l'un des plus importants moulins à farine de la commune, toujours pourvu de l'eau nécessaire à moudre les grains. En dessous, se trouvait celui de la Rabassarié qui en manquait à l'époque des grandes sécheresses; or c'était le cas pendant l'été de 1790. Dans la séance du Conseil municipal du 23 août, M. le Procureur de la commune demandait « qu'il fut enjoint à tous particuliers de cette commune qui font dériver les eaux de rivières et ruisseaux faisant aller des moulins de les laisser couler librement dans les lits des dites rivières et ruisseaux. »

Cardonnet comprit la leçon et s'exécuta de bonne grâce « à faire dériver les eaux de la fuite de son moulin sur la chaussée de celui de la Rabassarié...., à condition que le meunier qui en profiterait payât une taxe journalière telle qu'il plairait au Conseil municipal de la fixer, et dont le produit serait employé à diminuer d'un sol par carte le prix du seigle qui se vendra au marché de cette ville, jusqu'à ce que le produit de la taxe soit absorbé. »

Les pauvres bénéficièrent ainsi de cet incident.

Mais si le manque de travail avait engendré la misère, la misère engendra, à son tour, la maladie. Le 27 septembre, Cardonnet s'exprimait ainsi au Conseil municipal :

Une maladie presque épidémique étend de plus en plus fort ses ravages dans l'enceinte de nos murs et de nos campagnes; la cloche funèbre annonce chaque jour de nouvelles victimes de ce fléau destructeur, et combien n'en est-il pas qui s'ensevelissent sans bruit et qui ne sont connus que de leurs amis et de leurs proches! Combien n'en est-il pas encore qui, sans succomber à leurs maux, éprouvent les douleurs les plus accablantes et les privations les plus cruelles!... Et il propose :

1° D'inviter les médecins de la ville à vouloir bien donner leur avis sur les causes de la mortalité extraordinaire qui règne et d'indiquer, s'il est possible, les moyens d'y remédier.

2° D'engager ces derniers à déposer un mémoire consultatif qui contienne le détail des symptômes, des progrès et des suites de cette fâcheuse maladie, afin d'avoir là-dessus l'avis des médecins les plus renommés de la contrée.

3° De nommer une députation, tirée du sein du Conseil, à l'effet de visiter en son nom tous les malades qu'elle pourra découvrir, et d'en tirer tous les éclaircissements possibles, soit relativement aux causes probables de leurs maux, soit relativement à leur situation domestique, pour que le rapport fait à une prochaine assemblée, être ensuite par nous arrêté ce qui appartiendra....

Ne craignons pas, ajoute-t-il, Messieurs, de surcharger nos registres d'une délibération oiseuse, elle est, au contraire, digne de nos places et de nos cœurs, ainsi que de l'approbation générale des assemblées administratives et des citoyens vertueux.

MM. Cardonnet, Soubeiran, Molines, Poussielgue et J. Boudon furent désignés « pour aller faire une visite cordiale et patriotique à tous les malades et affligés qu'ils pourraient connaître. »

Ces précautions firent peu à peu décroître l'épidémie, mais non la misère. Les fonds du « bureau de charité étant insuffisants pour fournir aux besoins extraordinaires de la classe indigente », le Conseil décida, dans sa séance du 24 novembre, « d'ouvrir une souscription et d'invoquer des secours abondants de la part des membres aisés et charitables de la commune. Les officiers municipaux souscrivirent, pour donner l'exemple, trente cartes (1) de blé.

Le 15 novembre 1790, des élections, pour le renouvellement partiel du Conseil municipal et de l'Assemblée des notables, eurent lieu. MM. Louis Boudon, Jean-André Barnier, Bertezène père et Marion, du Pouget, furent élus officiers municipaux. MM. Clerguemort, médecin; Guibal, teinturier; Barnier, des Bourgades; Pierre Dumas père, négociant; Maurice Clerguemort; Dumas, notaire; Soubeiran fils, de la Bigore, furent élus notables.

A diverses reprises, Cardonnet s'était fait l'interprète de ses concitoyens en demandant que Saint-Jean reçut une part légitime des faveurs gouvernementales. Le 3 octobre 1791, il fut prévenu par M. Dumas, avocat, administrateur du district d'Alais et originaire de Saint-Jean « que l'Assemblée administrative allait s'occuper de rectifier et d'asseoir invariablement les limites des districts ainsi que celles des cantons qui pourraient en réclamer de nouvelles avec fondement. » Il en saisit immédiatement le Conseil municipal, lui rappelant

(1) La carte équivalait à un décalitre.

les précédentes délibérations des communes de Peyroles et de Thoiras qui demandaient à se rattacher au canton de Saint-Jean.

Une délibération, rédigée séance tenante, fut adressée à l'Assemblée du district d'Alais et une délégation composée de MM. Cardonnet et Boudon-Lasalle fut chargée de plaider cette cause soit auprès du directoire du district d'Alais, soit à Nîmes au directoire du département. Bien accueillis à Alais, ils virent leur demande repoussée à Nîmes. On leur promit, comme compensation, une brigade de gendarmerie et le poste de receveur de l'enregistrement.

Le 21 novembre 1791, Cardonnet préside, en présence du Conseil général, à l'installation du premier juge de paix élu par le canton, M. Jean Mazellet (1), ci-devant de Labaume, qui prêtait le serment d'usage. A cette occasion, il déclare « prendre l'engagement de porter audit M. Mazellet, en sa qualité de juge de paix, et à ses jugements, le respect et l'obéis-

(1) En juin 1790, il avait volontairement renoncé à ses titres de noblesse. *Registre*, p. 153.

sance que tout citoyen doit à la loi et à ses organes. »

L'Assemblée nationale avait déjà sécularisé les biens du clergé, diminué le nombre des couvents, suspendu l'émission des vœux monastiques, elle alla plus loin, elle réduisit le nombre des évêchés à un par département et comme elle mettait l'élection dans tout, elle résolut de la mettre dans l'Eglise. Les évêques, comme les prêtres, devaient être élus par les suffrages de leurs paroissiens et prêter serment de fidélité à la Constitution (12 juillet 1791).

Cardonnet, et la plupart de ses amis, désiraient la réunion des deux communions religieuses qui existaient à Saint-Jean et croyaient que, débarrassés de certains dogmes et placés sous l'égide de la liberté, la fusion des deux cultes se ferait facilement. Il était d'autant plus porté à le croire que le curé Mourgues aussi bien que le pasteur protestant Elie Dumas ne cachaient pas leurs désirs à ce sujet.

Ce fut le 30 janvier 1791 qu'eut lieu, dans l'Eglise paroissiale, la prestation du serment prescrit par la loi à tous les ecclésiastiques. Nous laisserons la parole à un témoin oculaire de cette imposante cérémonie.

Le 30 janvier 1791, à onze heures du matin, le Conseil général de cette ville, extraordinairement convoqué par M. le Maire, est parti de la maison commune, escorté par un piquet de grenadiers de la légion, précédé d'une musique militaire nombreuse et s'est rendu à l'église paroissiale, qu'il a trouvée remplie de citoyens, où, après s'être placé sur des sièges qui lui avaient été préparés, vis-à-vis de la chaire dans laquelle M. Mourgues, digne curé d'une paroisse qui le respecte et le chérit aux plus justes titres depuis déjà plus de trente ans, était déjà monté, ayant à ses côtés M. Coste, son vicaire, qui donne les plus grandes espérances, soit du côté des talents soit du côté des vertus. M. le Maire a fait lecture du décret de l'Assemblée nationale du 27 novembre dernier, sanctionné par le roi le 26 décembre suivant, et s'adressant successivement aux deux fonctionnaires publics, il a fait l'éloge de leurs sentiments, ainsi que le tableau des devoirs civiques et religieux auxquels ils seraient toujours fidèles, et leur a annoncé, dans un discours relatif à la cérémonie, que le Conseil général venait recevoir d'eux le serment exigé par le susdit décret, invoqué par la patrie, et haté par leurs propres démarches, puisque plus de huit jours avant l'arrivée officielle de la loi, ils avaient sollicité son exécution.

Pour lors M. Mourgues, curé, après avoir développé, avec son éloquence ordinaire, tous les principes qui doivent animer les vrais pasteurs, avoir fait la profession de foi la plus civique et rendu compte des puissants motifs qui le portaient à prêter un serment que sa raison approuvait, que son patriotisme lui dictait et que sa bouche et son cœur allaient prononcer avec transport : il l'a prêté en ces termes : « *Je jure sans restriction de veiller avec soin sur les fidèles de la paroisse qui m'a été confiée : d'être fidèle à la nation, à la loi, au roi, et de maintenir, de tout mon pouvoir, la constitution décrétée par l'Assemblée nationale et sanctionnée par le roi, et surtout la constitution civile du clergé.* »

Le ton de vérité qui régnait dans les expressions du vénérable pasteur, la conduite qu'il a toujours tenue envers ses paroissiens, à quelque communion qu'ils aient été attachés, la satisfaction que deux mille auditeurs ont éprouvée dans cette cérémonie patriotique lui ont attiré, avec une foule d'applaudissements réitérés et de bénédictions non équivoques. Après quoi M. Coste, vicaire, qui depuis peu dans cette paroisse en a déjà cependant mérité l'estime et l'amour, l'ayant remplacé dans la chaire et ayant dit que, quoique moins éloquent que M. le curé, il se faisait gloire d'être aussi bon citoyen, a prononcé le serment requis avec le ton de la conviction la plus intime et du plus noble dévouement. Des larmes de joie ont coulé de tous les yeux et des battements de mains ont retenti de toutes parts.

M. de Viviers, curé de Peyroles, paroisse à une demi-heure de cette ville, qui avait déjà prêté le serment le matin même dans son église, inspiré par son zèle ordinaire et par son patriotisme, a voulu le répéter encore, ce serment national, au milieu des citoyens, parmi lesquels il réside très-souvent et auxquels il se fait un véritable devoir de se rendre utile. Ceux-ci, sensibles à cet acte civique, ainsi qu'à son but, lui en ont témoigné leur satisfaction par les applaudissements et les éloges dont ils ont accompagné sa démarche.

Messieurs les trois fonctionnaires publics se sont alors avancés vers le Conseil général de la commune, en ont embrassé cordialement tous les membres et en ont reçu l'accueil le plus fraternel, les félicitations les plus sincères, l'approbation la plus juste et les vœux les plus étendus.

Ces premiers rentrés dans la sacristie, M. le Maire suivi du Conseil général, s'y est rendu pour témoigner plus particulièrement encore à ces pasteurs patriotes, combien la commune s'appplaudissait du bonheur de les posséder, ainsi que de la gloire qu'ils faisaient rejaillir sur la ville entière par l'empressement à se conformer aux lois de l'empire, et les sentiments particuliers qu'ils témoignaient à leurs concitoyens; leur offrant en même temps de les reconduire chez eux avec toute la pompe, dont ils pouvaient disposer.

En conséquence, Messieurs les fonctionnaires publics s'étant placés aux côtés de M. le Maire, et suivis, de tout le Conseil général, sont sortis de l'église, accompagnés de la foule immense qui la remplissait, et ont trouvé à la porte un piquet de chasseurs de la garde nationale, au centre duquel s'étant rangés dans le même ordre où ils se trouvaient, tout le cortège, précédé de la musique militaire s'est mis en marche, a traversé la partie basse de la ville, au bruit des applaudissements qui éclataient de toutes les fenêtres et de tous les cœurs, et est parvenu à la Maison curiale, où sont entrés Messieurs les fonctionnaires publics. Après avoir remercié le Conseil général de la commune de l'approbation honorable qu'il donnait à leur conduite et lui avoir annoncé qu'à l'issue des vêpres il serait chanté un *Te Deum*, en action de grâces de l'heureux dénouement de la cérémonie qui venait d'avoir lieu, le Conseil général a été reconduit, par une autre rue et avec la même pompe, à la Maison commune, d'où chacun s'est retiré chez soi, après s'être donné rendez-vous à trois heures pour aller ensemble au *Te Deum*.

En effet, au moment indiqué, tous les membres se sont empressés de se réunir et se sont rendus dans l'église où, placés dans le chœur, ils ont assisté au *Te Deum*, qui a été chanté par un grand nombre de voix, accompagné de toute la musique militaire et entendu par une aussi grande multitude de citoyens que l'église en a pu contenir.

Le 11 mai, le Conseil ayant appris que M. Dumouchel avait été nommé évêque du département, chargea le curé Mourgues de lui porter une adresse de félicitations dont voici le principal passage : « Notre commune se félicite, Monsieur, et se glorifie en même temps, de se trouver réunie, sous vos auspices, par la nouvelle circonscription, à l'ancien territoire d'un siège dont elle a fait jadis partie, et de n'avoir à vous offrir, malgré la diversité des deux cultes qui existent paisiblement dans son sein, que la plus parfaite unité de vœux, de sentiments et de démarches pour le maintien de la Constitution, la gloire et la félicité de l'empire, la prospérité du département et le succès de vos travaux apostoliques. »

Le 7 juin Cardonnet communiquait au Conseil la réponse de l'évêque qui s'exprimait ainsi :

MESSIEURS,

Si quelque chose pouvait ajouter aux sentiments d'admiration, d'estime et de reconnaissance que mon âme a éprouvés depuis son arrivée en ce département, ce serait sans doute la délibération de la commune de Saint-Jean-du-Gard, et l'adresse honorable que vous avez bien voulu me faire parvenir par la voie de votre digne pasteur; vous y prouvez que les citoyens de ces belles, de ces délicieuses contrées, brûlant du feu du patriotisme le plus pur, connaissent les nouvelles lois, savent en inspirer le respect et joignent au rare talent de s'exprimer avec grâce, le don précieux de faire chérir la sublime constitution de l'empire. Continuez, Messieurs, de donner de si beaux exemples et, m'unissant à vous d'esprit et de cœur, pour la propagation des vrais principes, je ferai tous mes efforts pour justifier la confiance des peuples du Gard et mériter en particulier votre estime et votre bienveillance.

Je suis, avec une reconnaissance bien méritée et bien sentie,

Votre très-humble et très-obéissant serviteur,

J.-B. DUMOUCHEL, évêque.

Nîmes, 2 juin 1789.

Tout en remplissant leurs devoirs de citoyens et se soumettant aux lois édictées par l'Assemblée nationale, les habitants de Saint-Jean suivaient avec anxiété la marche des événements.

Le comte d'Artois, le prince de Condé, peu après les tantes du roi avaient quitté la France et s'étaient enfuis à l'étranger; une foule de nobles les y avaient rejoints. On parlait tout haut d'une fédération de rois destinée à détruire l'édifice de la liberté pour revenir aux errements du passé. Sur ce, on apprit la fuite du roi et son arrestation à Varennes (20 juin 1791). Le Conseil se réunit et décida l'envoi d'une adresse à l'Assemblée nationale et des félicitations aux municipalités de Sainte-Menehould et de Varennes.

L'adresse, rédigée par MM. Clerguemort,

Dumas, notaire, Maurice Clerguemort et Boudon-Lasalle fut adoptée, à l'unanimité; en voici les principaux passages :

Vainement les ennemis du bien ont-ils cru arrêter votre marche glorieuse, en déployant à vos yeux l'effrayant appareil de la destruction; vainement ont-ils secoué les torches sanglantes du fanatisme pour opérer l'incendie qui devait embraser le Royaume; vainement enfin, en provoquant le monarque à la fuite, ont-ils cru engager les autres potentats à se réunir et venir venger sur vous et sur nous les prétendus torts faits à la royauté; leurs noires trames, leurs desseins perfides et leurs violents efforts, ont été se briser contre l'égide impénétrable de vos vertus; et l'édifice majestueux de notre immortelle Constitution s'élève, par vos mains, sur des bases inébranlables.

Dans la crise où nous nous trouvons, vous nous recommandez l'union fraternelle et l'obéissance à la loi : ce commandement patriotique, ce grand principe de notre constitution est gravé dans nos cœurs en caractères de feu; vous nous avez donné une patrie, vos lois seront pour nous des bienfaits, et ce sera moins à nos législateurs que nous devrons de la reconnaissance qu'à nos libérateurs et à nos pères.

Signé : Cardonnet, L. Boudon, Marion, Poussielgue, Boudon-Lasalle, Soubeiran, Teissier, officiers municipaux.

On commençait à comprendre que la véritable force du peuple ne réside pas dans le roi, mais dans l'union de tous les citoyens pour la défense du droit et le triomphe de la liberté. Les élus de Saint-Jean étaient sur le chemin qui conduit à la République.

Mais le Conseil ne se contenta pas d'écrire ; il ouvrit un registre pour les enrôlements volontaires (3 juillet) et le 30 août, 19 volontaires étaient prêts à partir pour arrêter l'invasion menaçante (1). Ils ne devaient pas être les derniers.

Malgré les difficultés du moment, l'Assemblée nationale avait définitivement terminé la Constitution, si vivement attendue par le peuple français; le roi l'avait sanctionnée le 14 septembre, mais elle ne fut communiquée officiellement à la municipalité de Saint-Jean que le 8 octobre. Aussitôt Cardonnet convoque le Conseil municipal pour lui communiquer l'heureuse nouvelle et lui demander de prendre les résolutions suivantes :

(1) Parmi lesquels Jacques Cavalier, âgé de 19 ans, qui fut promu général de brigade le 19 Vendémiaire an VIII, commandeur de la Légion d'honneur le 23 juin 1810, et maréchal de camp le 25 mars 1829.

1° Que la Constitution française, base immuable du bonheur du premier peuple du monde, sera publiée solennellement par le corps municipal en écharpes (M. le Maire portant la parole) sur la place publique et dans toutes les rues et carrefours de cette ville.

2° Que les citoyens seront ensuite avertis, par affiches et publications, de se rendre, à deux heures de l'après-midi, sur la place publique pour assister à la cérémonie et seront invités à illuminer le soir les fenêtres de leurs maisons à l'effet de témoigner leur joie sur l'acceptation du monarque à l'acte constitutionnel.

3° Qu'aux mêmes fins, il sera brûlé un feu de joie au lieu ordinaire.

4° Que M. le digne curé de cette ville sera prié de faire chanter un *Te Deum*, à l'occasion de cette fête civique.

5° Enfin que M. le chef de la Légion de cette ville sera requis de donner des ordres pour son rassemblement à l'heure ci-dessus indiquée et de pourvoir, par une garde suffisante, à la tranquillité publique.

La fête eut lieu le 10 d'après le programme tracé ci-dessus. Cardonnet exhorta ses concitoyens « à consacrer le montant des dépenses inutiles, que la satisfaction d'un si beau jour eut pu leur inspirer, à la nourriture et au vêtement de plusieurs individus de la classe indigente, » proposition qui, à l'honneur de la commune, fut accueillie avec les plus vifs applaudissements et une quête générale fut fixée au lendemain 11.

Les fonctions de Cardonnet, comme maire de Saint-Jean, touchaient à leur terme; le 30 septembre il avait été nommé membre puis président du district d'Alais. Le 12 novembre il prit congé de ses collègues et leur adressa un discours que ceux-ci décidèrent d'insérer dans le procès-verbal de cette importante séance. Voici le passage où il résume les travaux du Conseil depuis les élections du 8 février 1790 :

« Près de deux cents délibérations écrites; un grand nombre de verbales; des jugements de police réitérés; des visites de poids et mesures; des avis et instructions aux citoyens lors de la promulgation des lois; des passeports à expédier et qui en diverses occasions ont absorbé beaucoup de temps; la vigilance, les communications à entretenir; les avis à donner lors des différents troubles qui ont agité la contrée; la correspondance suivie, on ose le dire, avec la plus grande exactitude soit avec les corps administratifs et les municipalités, soit avec les particuliers mêmes; l'obligation renaissante d'écouter, souvent inutilement, les griefs des citoyens, résoudre leurs doutes, les instruire sur l'exigence des cas et des règlements. Toutes ces occupations ont partagé le temps et la sollicitude des administrateurs de cette commune et, en avouant qu'il y aurait encore une foule d'objets à offrir à leurs fonctions, on peut du moins laisser envisager par l'aperçu rapide que je viens de vous soumettre que l'insouciance et l'inaction n'ont pas été notre partage. » Et il termine par ces mots : « Il me reste toujours un souvenir bien doux de mon administration, celui d'avoir coopéré, avec de dignes collègues, au service de ma patrie; d'avoir concouru, de toutes mes forces, à conserver son repos au milieu de toutes les agitations qui ont désolé l'empire; d'avoir été le témoin de l'extinction des abus invétérés qui dévoraient la France ; d'avoir vu disparaître, pendant la durée des fonctions dont la confiance de mes citoyens m'avait revêtu, un régime d'oppression et d'ignorance, devant celui des lumières et de la liberté. Heureux de pouvoir encore dans la présidence du district que j'occupe, me dévouer quelquefois et selon les bornes de ma sphère, au service d'une commune que j'honore et que je chéris, ainsi qu'au maintien de la sublime constitution que j'ai juré de défendre. »

L'assemblée vote des remerciements à M. Cardonnet, pour sa bonne gestion pendant le cours de son administration dans sa place de Maire, et le prie de continuer de prendre à cœur, les intérêts de cette commune et surtout pendant le temps qu'il remplira l'honorable place qu'il vient d'obtenir, celle de Président de l'administration du district d'Alais.

Le 20 novembre le Conseil général, en corps, vint chez Cardonnet lui exprimer par la bouche de son nouveau maire Boudon-Lasalle, « la reconnaissance que la commune éprouvait pour un si digne administrateur. »

Nous aurons maintenant à suivre ce magistrat distingué sur une scène plus vaste où, s'il a pu quelque fois se tromper, il a du moins toujours fait preuve d'une grande élévation de sentiments et d'une sincérité qui commandent le respect.

DEUXIÈME PARTIE

A Alais et à Nimes

Les élections du 30 septembre 1791 désignèrent Cardonnet comme membre du district d'Alais. Il en fut élu président.

La première session du Conseil d'administration eut lieu vers le milieu d'octobre : il vota une adresse à l'Assemblée nationale où furent exposés les besoins et l'utilité du collège d'Alais.

Des difficultés de plus d'un genre rendirent difficile la tâche des nouveaux administrateurs. Des divisions commençaient à se manisfester parmi ceux qui, jusque là, s'étaient montrés unis pour la revendication des libertés publiques.

En se séparant, l'Assemblée nationale avait décidé qu'aucun de ses membres ne pourrait faire partie de la nouvelle législature et avait ainsi privé cette Assemblée des lumières et de l'expérience que ceux-ci avaient pu acquérir dans la pratique des affaires.

A Paris la division était complète entre les *Jacobins* et les *Feuillants* ; le contre-coup s'en fit sentir dans les départements.

La « Société des Amis de la Constitution » qui avait réuni jusque là tous les patriotes fut trouvée trop bourgeoise par les ouvriers qui fondèrent la « Société populaire des Amis de la Constitution » ; elle eut bientôt des ramifications dans tout le département.

Les rapports entre les deux sociétés, fraternels au début, perdirent bientôt ce caractère et les Sociétés arrivèrent à se considérer comme ennemies.

De plus, des mouvements contre-révolutionnaires se manifestèrent à Jalès, à Avignon, à Arles. A ces révoltes, qu'il fallut réprimer, s'ajoutèrent les excès commis par des égarés ou par des criminels.

Des attroupements, plus ou moins nombreux, s'étaient formés dans tout le département et plusieurs châteaux avaient été pillés ou brulés. Le 2 avril le directoire d'Alais est avisé qu'une troupe de 40 personnes s'est formée à Mons; immédiatement 60 cavaliers commandés par un capitaine et accompagnés de MM. Sugier et Roquier (1), sont envoyés pour les disperser. C'étaient des gardes nationaux de plusieurs communes du canton de Vézénobres qui « croyaient bien faire et agir pour le soutien de la Constitution en désarmant les citoyens qu'ils croyaient suspects et qu'ils regardaient comme attachés à la contre-révolution. »

Après les observations de M. Sugier, ils s'excusèrent sur leur ignorance de la loi, promirent de s'y soumettre, rendirent les fusils et autres armes par eux enlevées et se retirèrent dans leurs communes respectives. Les commissaires du district reconnurent « que c'était par excès de patriotisme que ces gens avaient fait une démarche illégale » (2).

Le 3, c'est le château d'Aigremont qui est dévasté et brûlé, puis ceux de Cassagnole, de

(1) Vice-président et membre du Directoire.

(2) Quoiqu'il nous ait été donné de faire nous-mêmes quelques recherches soit aux archives départementales du Gard, soit surtout à celles de la commune de Saint-Jean-du-Gard, un grand nombre des documents officiels cités ont été empruntés à l'histoire de la Révolution dans le Gard de M. F. Rouvière, auquel nous exprimons ici toute notre reconnaissance pour les directions et les conseils qu'il nous a donnés en vue de cette étude.

Lézan, de Tornac, de Veirac (1), près Anduze, qui le sont à leur tour.

Grâce aux mesures prises par les commissaires du district, ceux de Cardet, de Lascours et de Ribaute furent préservés.

Cardonnet s'était joint à Sugier et à Roquier pour arrêter ce pillage organisé et, notamment à Lézan, ils firent preuve d'un vrai courage civique. Seuls, dans la nuit, à la clarté des flammes de l'incendie du château « ils déclarèrent aux factieux qu'ils séviraient, avec la dernière rigueur, contre tous ceux qui resteraient en état d'insurrection. » Les principaux auteurs de ces excès furent arrêtés et conduits à Alais et douze gardes nationaux de Lézan furent dégradés et désarmés publiquement, « leurs cocardes et boutons arrachés et mis hors les rangs comme ayant participés aux vols et dévastations. »

A Saint-Jean-du-Gard, quelques personnes « aveuglées par un patriotisme peu entendu » voulant protester contre une transaction intervenue en 1775 entre le Seigneur de Saint-Jean

(1) Appartenant au sieur Hostalier, seigneur de Saint-Jean-du-Gard.

et le conseil politique, au sujet de l'abandon par celui-ci d'une petite ruelle située entre le cimetière et le Gardon, voulurent démolir le mur qu'on avait construit pour la supprimer. Malgré l'énergique intervention de la municipalité, son autorité fut méconnue ; les officiers municipaux, pour éviter des rixes et l'effusion du sang, préférèrent se retirer et « souffrir une désobéissance momentanée qu'agir avec sévérité. » Au reste cette affaire de peu d'importance n'eut pas de suite (1).

Les gardes nationales de Saint-Jean-du-Gard ainsi que celles d'Anduze et d'Alais surent rester dans leur rôle et s'opposer à ces désordres plutôt que de les favoriser (2).

(1) Le 4 avril vers 10 heures du matin des citoyens égarés avaient recommencé la même entreprise, mais sur l'invitation de la municipalité ils cessèrent. Le 5, à 7 heures, d'autres citoyens égarés montèrent en haut d'un escalier de le maison de M. Pagès absent et commencèrent à démolir le colombier qui la couronnait ; ils cessèrent sur l'invitation de la municipalité. C'est quelques instants après que d'autres personnes démolirent le mur de M. Hostalier. (Procès-verbal des officiers municipaux de Saint-Jean-du-Gard, de Cardonnet président de district et de Mazellet juge de paix).

Arch. dép. 1L. 8. 70.

(2) F. ROUVIÈRE : *Histoire de la Révolution dans le Gard*, tome II, p. 267.

L'activité de Cardonnet et de ses collègues, en vue de réprimer les excès et de maintenir l'ordre dans le district d'Alais, fut fort appréciée par le directoire du Gard qui, le 10 juillet, « approuve les dispositions prises par le directoire d'Alais de rendre ses séances permanentes et applaudit au zèle dont ces sages administrateurs ont toujours donné des preuves pour le rétablissement de l'ordre et le maintien des lois. »

Ce ne fut pas seulement à la répression du mal que travailla le directoire d'Alais ; il organisa les gardes nationales de son ressort et s'occupa avec soin de tout ce qui concernait son administration. A plusieurs reprises, le directoire du Gard en approuvant ses arrêts lui adressa ses félicitations.

Les événements qui se déroulaient à Paris ne laissaient pas insensibles les administrateurs du district d'Alais. L'Assemblée législative, qui avait succédé à la Constituante le 1er octobre 1791, s'était trouvée en présence d'une coalition de rois qui manifestaient le désir « de rétablir Louis XVI dans ses droits » et d'arrêter les progrès de la Révolution. Le 27 août, ils avaient publié la célèbre déclaration de Pilnitz signée par le roi de Prusse et l'empereur Léopold.

C'est à ce moment que Louis XVI expédiait un agent secret, Mallet du Pan, aux coalisés et que le « comité autrichien », formé autour de la reine Marie-Antoinette, correspondait avec les ennemis.

Le 20 avril 1792, la guerre est solennellement déclarée; les débuts furent malheureux. Le 26 juillet, le duc de Brunswick, général de l'armée prussienne, publiait un manifeste où il déclarait entrer en France, au nom des rois, « pour rétablir Louis XVI dans ses droits et tirer la France du désordre. » Le peuple de Paris accepta le défi, et, le 9 août, une pétition, signée par les sections, demanda la déchéance du roi. Le 10, une insurrection formidable éclate, le roi est assiégé dans les Tuileries; avant l'attaque, il se décide à se réfugier, non sans péril, au sein de l'Assemblée qui suspendit le pouvoir exécutif (1).

Le 24 août, les administrateurs du district d'Alais envoyaient à l'Assemblée nationale l'adresse suivante :

(1) Le 21 septembre la Convention proclamait la République.

Représentants,

Les administrateurs du district d'Alais renouvellent entre vos mains le serment qu'ils ont déjà prêté dans leur séance publique du 22 courant, *de maintenir la liberté et l'égalité, ou de mourir à leur poste en les défendant*, applaudissent à la suspension du pouvoir exécutif et aux mesures vigoureuses que vous avez prises; vous avez déclaré la Patrie en danger et dix-huit cents citoyens de la contrée confiés à leurs soins, la plupart vainqueurs des usurpateurs de Jalès, ont volé aux frontières dans les troupes de ligne ou dans les bataillons nationaux.

Poursuivez, Représentants! la Patrie sera sauvée et les vœux de vos commettants seront remplis.

C'est dans ces sentiments que se préparèrent les élections desquelles devait sortir la Convention et aussi le renouvellement des diverses administrations départementales.

L'Assemblée électorale, pour nommer les députés à la Convention, se réunit à Beaucaire, le 2 septembre. Elle se réunit à nouveau à Uzès, le 11 novembre, pour l'élection des diverses administrations départementales.

Le 26, Cardonnet fut élu membre du Conseil d'administration du Gard par 371 voix sur 477 votants. Le Conseil se composait de 28 membres.

Le 29, l'installation solennelle eut lieu à Nîmes, à la Maison-Carrée. Cardonnet fut élu président par 15 voix sur 21 votants. Il prononça, à cette occasion, un discours dont nous ne citerons qu'un fragment, mais qui exprime bien les sentiments qui avaient dirigé toute sa vie politique :

..... Veiller aux intérêts généraux de la République, à ceux de plus de trois cent mille administrés, recevoir par le canal du pouvoir exécutif les lois qui doivent régir la France, enjoindre et protéger leur exécution, répandre et favoriser les principes de la liberté et de l'égalité qui doivent animer tout vrai citoyen, régler leur action, éclairer leur marche et circonscrire leurs effets dans les bornes qu'exigent la conservation et la prospérité du corps social ; propager en un mot cet esprit public, cet agent régénérateur qui, semblable à la flamme électrique, va bientôt exciter d'un pôle à l'autre l'admiration la plus éclatante pour une révolution unique dans les annales du monde, qui couvre le peuple français d'une gloire immortelle et offre aux regards des nations un nouvel univers : tels sont, citoyens, les sentiments propices que nous nous plaisons à répandre et les principaux devoirs que nous sommes destinés à remplir (1).

(1) *Arch. dép.* I. L. 3, 7. p. 25.

Le Conseil se mit tout de suite en rapport avec ses administrés.

« Nous ne venons pas solliciter votre indulgence, leur dit-il, que votre sévérité soit notre égide : nous réclamons votre surveillance avec la même ardeur que les ennemis du bien public mettent à l'éviter. »

A la Convention nationale ils écrivaient : « Liberté, Egalité, République, voilà ce qu'ont juré de défendre les administrateurs en ouvrant leurs séances, ils mourront plutôt que de violer leur serment. Elus du peuple ils se montreront toujours les intrépides défenseurs de ses droits, ils lui diront la vérité, ils lui parleront de ses devoirs parce que ce langage est le *palladium* de la liberté..... »

Avec beaucoup de fermeté, Cardonnet et ses collègues se mirent à l'œuvre. Plusieurs communes, ayant procédé arbitrairement au partage des biens communaux, furent d'abord invitées au respect des propriétés nationales, communales et particulières, et enfin menacées d'être poursuivies, avec toute la rigueur des lois, si elles persistaient dans leurs écarts. L'émission des « billets de confiance », si utiles depuis la disparition du numéraire effectif, pour les petites transactions, fut régularisée.

Enfin, comme des troubles s'étaient produits en divers lieux et que des « malveillants » propageaient de fausses nouvelles dans la pensée d'affaiblir les institutions républicaines en provoquant une contre-révolution, le Conseil, en s'adressant le 5 décembre à ses administrés, leur disait :

La rage des ennemis de la liberté des peuples n'est jamais assouvie; ne prenez pas son sommeil pour son anéantissement. Les monstres trament dans le silence de leur repaire de noirs projets de contre-révolution..... Soyez calmes et soumis aux lois, exercez une surveillance sévère, mais froide et raisonnée sur vos administrateurs ; l'ami du peuple n'en craint pas le regard : redoutez l'anarchie.

En clôturant cette session du corps administratif, Cardonnet prononça un éloquent discours dans lequel il exhortait ses collègues à la vigilance, à l'activité et au dévouement à la chose publique, célébrait les gloires de la Révolution et chantait déjà les bienfaits de la République universelle.

« Que votre zèle ne se relentisse pas encore, citoyens administrateurs. Le moment est imposant; des ambitieux forcenés préparent peut-être une crise de désespoir; il faut la rendre salutaire... La Révolution Française s'avance victorieusement vers le bonheur des nations; mais de nouveaux combats sont encore nécessaires pour assurer son triomphe.....

« Dictateurs, Protecteurs, Triumvirs, Despotes déguisés de tous temps et de toutes les nuances, vous nous serez également odieux. Nous sommes républicains, nous sommes citoyens, nous sommes français, nous sommes avides du bonheur du monde, nous le serons toujours; nous vivrons, nous mourrons, s'il le faut, pour la patrie, et le feu sacré de la liberté brûlera éternellement dans nos âmes; il y sera sans cesse attisé par l'aiguillon du devoir, par le cri de nos serments, par le souffle de nos désirs, et il ne s'éteindra qu'avec celui de la vie, si même, après la mort, le Suprême Rémunérateur ne met le comble à ses bienfaits, en nous faisant puiser la juste récompense de nos efforts dans la possession spirituelle des délices de ce souvenir.....

« ... Bravons avec courage tous les chocs des passions, des intérêts et même des vengeances, parce que la vie n'est rien auprès de l'honneur, auprès du salut commun, auprès de la félicité de nos frères..... (1) »

Belles paroles qui peignent bien l'état d'âme de l'homme qui les a prononcées !

Les divisions qui, depuis longtemps, s'étaient manifestées dans le parti de la Révolution n'avaient fait que s'accentuer. Lors des dernières élections départementales, la lutte avait été chaude et si la victoire définitive était restée au parti modéré, ce n'était pas sans avoir mis en relief la puissance des Montagnards.

Cardonnet, comme nous avons eu l'occasion de le dire, tout en étant un homme de conciliation et de paix, fut toujours fidèle au parti Girondin, auquel se rattachait la plupart de ses amis; il ne craignait pas d'affirmer ouvertement ses opinions lorsque l'occasion s'en présentait. L'influence toujours grandissante des Jacobins l'effrayait; il y voyait un danger continuel pour la liberté et déjà, dans son esprit comme dans celui de ses collègues du Directoire, se manifestait le désir ardent d'enrayer ce mouvement dans le Gard. Voici comment il s'exprime dans le discours dont nous avons déjà

(1) *Arch. dép.* — Procès-verbal de la troisième session.

donné quelques extraits : « En vain des factions désorganisatrices agitent-elles le sein de cette ville fameuse, dont le nom seul imprimait jadis une idée de supériorité que des partisans intéressés voudraient lui conserver encore; en vain leur souffle impur tente d'infecter au loin les cœurs et les esprits de cette épidémie de domination que l'orgueil humain, lorsqu'il anime des âmes basses et corrompues, se fait un besoin de répandre; en vain se flattent-ils, par des infâmes manœuvres, de ramener le peuple français sous les fers du despotisme, de l'égarer sur ses vrais intérêts; fermes dans nos principes et dans notre conduite, nous opposerons toujours à ses efforts criminels et destructeurs de toute société la digue puissante des lois; nous provoquerons la résistance à cette oppression; nous invoquerons à grands cris le concours de toutes les autorités constituées, de tous les vrais citoyens, de tous les défenseurs de la patrie (1) ».

Cette opposition devait se traduire bientôt par le mouvement considérable qui agita tout le Midi de la France et qui est connu sous le nom

(1) Procès-verbal de la troisième session.

de « Fédéralisme. » Nous aurons à en parler dans la suite.

Sans doute Cardonnet et ses amis avaient le droit d'affirmer leurs opinions personnelles et le devoir de les faire prévaloir par tous les moyens légaux, mais l'attitude qu'ils prennent, dès cette heure, leur nuira auprès de leurs concitoyens; toutes leurs énergies tendront à combattre leurs adversaires et ils ne tiendront pas toujours compte des réformes réclamées par l'opinion publique et de cette marche en avant qui s'impose à tout parti qui veut vivre. Le fédéralisme (1), outre qu'il devint un danger pour l'unité nationale, put être considéré, par beaucoup, comme l'une des manifestations de la contre-révolution.

Pendant l'intervalle des sessions du Conseil administratif, Cardonnet se rendait à Saint-Jean-du-Gard, où sa famille habitait toujours et se reposait de ses travaux au milieu des siens et de ses nombreux amis. Il nous serait agréable de le suivre dans sa vie de famille, ce qui donnerait quelque chose de plus personnel,

(1) Nous emploîrons ce terme bien qu'il soit impropre : il n'est jamais rentré dans l'idée de Cardonnet et de ses amis de rompre l'unité nationale.

de plus intime à cette étude, mais les détails nous manquent à cet égard ; nous pouvons cependant constater l'affection ardente qui l'unissait à tous les siens et qu'il manifeste si bien dans le seul document que nous possédions de lui sur ce point : la lettre écrite à sa femme, l'avant-veille de sa mort, et que nous aurons l'occasion de citer plus tard.

La question de la liberté du culte public se posa bientôt et le Directoire eut à la résoudre. Depuis la révocation de l'Edit de Nantes, les protestants avaient tenu leurs assemblées religieuses au « désert » ; mais la Constitution leur assurant les droits du culte public, plusieurs églises, déjà constituées, achetèrent soit d'anciennes églises catholiques, soit certains immeubles qu'ils transformèrent en temples : Alais, Seynes et d'autres communes demandèrent l'autorisation au Directoire qui, le 5 janvier 1793, prit l'arrêté suivant :

Les citoyens signataires de la pétition, sont autorisés à exercer, dans le lieu à eux appartenant, un culte religieux après avoir préalablement mis sur la porte de ce lieu, en gros caractères, l'inscription suivante : Edifice consacré à un culte religieux par une société particulière. Paix et Liberté, 1793.

C'était le régime de la séparation des églises et de l'Etat que l'on inaugurait.

Les administrateurs veillaient constamment sur les causes de divisions qui pouvaient se produire et faisaient tous leurs efforts pour les faire disparaître. Ils apprennent qu'à Baucaire une nouvelle société vient de se former sous le titre de « sans-culottes », et que la division est complète entre républicains ; ils délèguent tout de suite, deux d'entre eux qui parviennent après de louables efforts à pacifier les esprits.

A Connaux, où des troubles sérieux avaient éclaté, les mêmes moyens produisent les mêmes effets.

Mais ces résultats réjouissants ne furent pas toujours et partout définitifs. L'exécution de Louis XVI provoqua des mouvements contre-révolutionnaires dans le Gard et dans la Lozère ; la question des subsistances, qui fut cependant l'objet de la sollicitude de l'administration, fut souvent exploitée par les ennemis de la République et provoqua certains troubles.

Dans plusieurs communes, des vols, des arrestations, des crimes même étaient commis, et il fallait arrêter ce courant de dévastation.

« Citoyens, écrit le Directoire, des désordres de tout genre éclatent dans le département; des vols, des arrestations se commettent, des brigands se réunissent; il est nécessaire de prendre les mesures les plus promptes pour les arrêter; c'est à nous à les prescrire, c'est à vous à les rendre fructueuses! Savez-vous où l'on veut vous conduire? A la guerre civile, dernière ressource de nos ennemis. Vous pouvez, par votre obéissance à la loi, faire rejaillir sur eux le venin de leurs criminelles manœuvres. »

Sages paroles qui ne furent pas toujours écoutées. L'attitude énergique des administrateurs leur valut une lettre du Ministre de l'Intérieur dans laquelle il leur exprimait « sa vive satisfaction. »

La mort de Louis XVI servit de prétexte à de nouvelles attaques de l'étranger. 400 mille anglais, hollandais, allemands, autrichiens, sardes, espagnols menacèrent bientôt nos frontières. Et la Vendée, où les partisans du trône et de l'autel étaient nombreux, se soulève. Le 1er février 1793, la Convention envoie sa déclaration de guerre à l'Angleterre, et le 9 mars à la Hollande et à l'Espagne. Les premiers combats furent des revers : Dumouriez, vaincu à Nerwinden, trahit sa patrie et se rendit aux autrichiens, désorganisant ainsi l'armée qu'il était chargé de commander et jetant la défiance dans l'esprit des soldats vis-à-vis de leurs chefs.

La Convention tint tête à tout; elle envoya des commissaires extraordinaires dans les départements pour organiser la résistance et créer de nouvelles armées, établir un comité de salut public qui disposa souverainement de l'autorité publique afin de donner à la défense nationale la plus énergique autorité.

C'est à ce moment critique que les administrateurs durent faire preuve d'énergie pour faciliter les réquisitions des commissaires de la Convention et organiser la défense nationale.

Voici comment s'exprime Cardonnet en ouvrant, le 18 mars, une nouvelle session du Conseil : « Ce n'est pas au moment de l'orage que nous abandonnerons le gouvernail ; ralliés à la Convention, nous saurons faire exécuter ses décrets, et, par la surveillance la plus active, par des mesures sages, justes et vigoureuses, nous maintiendrons de toutes nos forces et de notre pouvoir, dans l'étendue de notre ressort, la liberté, l'égalité, la République une et indivisible, l'obéissance aux lois, le respect pour les personnes et les propriétés, et la libre circulation des subsistances.....

« Que toute la nation soit debout, qu'une partie d'élite soit prête à marcher, et déjà je vois les palmes de la liberté couronner nos braves défenseurs, et déjà les conspirateurs effrénés courbent leurs fronts, tremblant sous le terrible aspect de la puissance républicaine (1). »

On aurait pu croire que le danger extérieur, en rapprochant les citoyens pour la défense de la commune patrie, ramènerait, par cela même, l'union des cœurs; il n'en fut rien. A la Convention, les Girondins et les Montagnards se livraient de rudes assauts et se traitaient mutuellement de traîtres à la patrie; l'exemple venant de haut était suivi dans les départements.

Les « Sociétés des Républicains français » et les « Sociétés Populaires » étaient journellement aux prises, et, dans leurs proclamations fréquentes, manifestaient maintenant la haine

(1) *Arch. dép.*, 1 L, 3. 8. p. 1.

qui remplissait les cœurs. Vainement les commissaires du gouvernement : Aubry, Isnard et Despinassy avaient essayé de s'interposer et de ramener le calme dans les esprits, leurs efforts n'avaient abouti qu'à aggraver encore la situation. Les deux sociétés rivales étaient une puissance devant laquelle le Directoire fut souvent impuissant.

Cependant Cardonnet, profitant d'une occasion solennelle qui réunit, pour un jour, dans une commune douleur, tous les citoyens, essaya de ramener le calme et l'union dans ces esprits surexcités.

A l'issue de la cérémonie funèbre, organisée en l'honneur de Lepelletier de Saint-Fargeau (1), le président du département, s'adressant aux officiers municipaux de Nîmes, leur dit : «.... Souffrez qu'à cet acte civique de votre part, nous vous priions d'en joindre un autre plus cher à nos cœurs, de concilier les deux partis qui affligent cette ville. Citoyens magis-

(1) Fut assassiné par le garde du corps Pâris, parce qu'il avait voté la mort de Louis XVI. Son corps fut porté en grande pompe au Panthéon. L'administration départementale avait ordonné une cérémonie funèbre dans toutes les communes du Gard.

trats, nous n'avions pu, jusqu'ici, vous faire part de la vive et tendre sollicitude qui nous anime, nous avions redouté de roidir davantage les difficultés en voulant les franchir, mais aujourd'hui, au milieu de vous, nous sommes plus forts, votre présence électrise nos âmes. Nous vous invitons, au nom de ce martyr de la liberté, dont nous venons de célébrer la fête funèbre, de continuer, par votre exemple, le rapprochement des citoyens de Nîmes.....

« Citoyens, vos administrateurs, brûlant du même zèle, vont travailler au grand œuvre d'une réunion prochaine; ils s'offrent pour victime, s'il en faut une, aux ressentiments de quelques-uns. Sans cesse occupés de vos plus chers intérêts, nous rendrons à la patrie le double tribut que nous lui devons comme citoyens et comme magistrats..... (1) »

Les deux sociétés rivales durent faire connaître leurs intentions sur ce rapprochement tant désiré par Cardonnet et tous les bons patriotes, mais de part et d'autre il y eut des réticences qui rendirent l'accord impossible. La « Société des Républicains français » envoya

(1) 3 mars 1793. *Arch. dép.*, 1 L, 4. 6., p. 97.

une députation au Directoire pour lui exprimer son désir de voir les divisions existantes disparaître : «..... Proposez, ordonnez, disait-elle, nous nous prêterons à tout : vous ne nous trouverez inflexibles que sur les principes, car nous les avons puisés dans les lois, dans l'intérêt de tous, dans le désir de la prospérité commune..... »

Mais, au nom de ces principes, les seuls vrais, à leur avis, ils demandaient qu'on leur donnât raison, les principes de l'autre Société n'ayant, à leurs yeux, qu'une valeur dissolvante et conduisant à l'anarchie : « En vain vous dirait-on que vous devez tenir la balance égale, entre les deux partis, ajoutaient-ils, il n'est point d'équilibre entre les bons et les mauvais principes, entre l'imposture et la vérité, et votre devoir est de faire triompher la vérité et les bons principes..... (1) »

De son côté, la « Société populaire » refusa tout d'abord de se rendre à une réunion de conciliation convoquée par le Directoire; elle s'y fit représenter ensuite, mais cette réunion n'aboutit pas. Dans une pétition adressée à la

(1) 7 mars 1793. *Arch. dép.*, I L, 4. 6., p. 116.

Convention, elle dénonçait la « Société des Républicains français » comme animée d'un esprit contre-révolutionnaire; et, le 8 avril, dans une proclamation rendue publique, après un long réquisitoire où se trouvaient énumérés tous les griefs et toutes les accusations portés contre la Société girondine, terminait par ces mots : « Citoyens, voilà les ennemis que nous vous dénonçons..... Quelle mesure devons-nous employer pour faire triompher la liberté et l'égalité? Parlez! » (1).

On put alors se rendre compte que l'idée de fusion était une pure chimère; les esprits s'aigrissaient et le fossé que Cardonnet voulait combler s'élargit considérablement. Les rivalités devinrent de la haine et les deux partis ne rêvèrent plus que la disparition de leurs adversaires. La Terreur était en germe dans cet état d'âme.

La majorité des municipalités du Gard, les directoires des districts et du département penchaient du côté du parti girondin; cependant plusieurs agressions contre certains mem-

(1) Circulaire du 8 avril 1793 de la « Société populaire ». (*Histoire de la Révolution dans le Gard*, tome III, p. 229).

bres des Sociétés populaires ayant été signalées au Conseil départemental, celui-ci déclara « qu'il prenait sous sa sauvegarde tous les citoyens paisibles, membres ou non des Sociétés Populaires. »

Le 12 juin, croyant fermer la bouche à un parti que l'on considérait comme devant aboutir à l'anarchie, la Société Populaire fut dissoute et ses séances interdites.

Il était nécessaire de bien connaître l'état des esprits dans le Gard pour juger sainement les événements considérables qui se précipitèrent dans la suite, et qui aboutirent à la condamnation et à la mort de Cardonnet et d'un grand nombre de ses amis.

Les luttes et les divisions qui se manifestaient dans les départements n'étaient qu'un pâle reflet de ce qui se passait à Paris. La Convention avait rendu un décret supprimant l'inviolabilité des députés afin de permettre au Comité de salut public de punir tous ceux qu'il croirait coupables. L'influence de la Montagne grandissait toujours; les Girondins furent accusés du crime de « *modérantisme* » par Marat qui, à son tour, attaqué par eux, fut traduit devant le Tribunal révolutionnaire lequel le renvoya absous. Le peuple de Paris le ramena en triomphe à la Convention.

Le 31 mai, et surtout le 2 juin, une émeute organisée par les sections de Paris attaqua l'Assemblée. Sous cette pression, l'arrestation de trente-deux des principaux Girondins fut votée; parmi eux se trouvait Rabaut-Saint-Etienne, l'illustre représentant du Gard.

Quoique n'ayant pas reçu communication officielle des événements qui s'étaient passés à Paris, Cardonnet prit certaines mesures pour arrêter le courant révolutionnaire dans le Gard. Il écrivit au Maire de Nîmes pour le prier de se rendre auprès de l'administration départementale « qui avait des objets importants à lui communiquer » et à ses collègues absents de venir immédiatement assister aux séances.

La Société Populaire ayant été dissoute, le lieu de ses séances fermé et même sa porte murée, ce furent la Société des Républicains français et les délégués des douze sections de Nîmes, formant l'assemblée générale de la commune, qui prirent la tête du mouvement. Déjà la résistance aux décisions de la Convention s'organisait dans bien des départements : le Morbihan, le Finistère, la Gironde, le Rhône, enfin tout le Midi paraissait gagné. Déclarant que la Convention n'était pas libre, les modérés voulaient organiser une force militaire imposante, capable de rendre la liberté à l'Assemblée nationale et d'arrêter les progrès de l'anarchie.

Cardonnet avait essayé maintes fois de réunir, dans le Gard, les deux grandes fractions du parti républicain; les camps étant définitivement tranchés, il dut prendre position et, suivant en cela la ligne politique de toute sa vie, il se rangea du côté des modérés.

Le Conseil général se mit tout de suite en rapport avec ses administrés, les invitant à faire connaître leurs vœux. Voici un extrait de cette proclamation signée par Cardonnet :

Français, citoyens du Gard, soyez debout! De grands événements se préparent, les dangers de la Patrie sont imminents; triste et languissante elle vous crie : sauvez-moi... Vous le pouvez, son salut est entre vos mains : réunissez-vous et parlez, votre voix étouffera les clameurs des anarchistes et la Patrie sera sauvée... (1)

(1) *Arch. dép.* 1. L. 3. 8. p. 395.

Cependant Cardonnet hésitait encore à entrer dans un mouvement qu'il qualifiait lui-même « d'irrégulier ». On décide, le 13 juin, l'envoi de deux délégués auprès des administrateurs des Bouches-du-Rhône, comme on en avait envoyé deux auprès de ceux de l'Hérault, pour « s'aider de leurs lumières » et même, le 16, dans une séance extraordinaire convoquée à la Maison-Carrée, sur la demande des sections de Nîmes, et dans laquelle fut réclamée la convocation d'une assemblée des communes en vue de l'organisation du mouvement fédéraliste dans le Gard, Cardonnet se borna à leur donner acte de leurs communications.

Mais le lendemain les délégués des sections nîmoises revinrent à la charge, signalant au Conseil les dangers que courait la liberté et l'invitait à « prendre une détermination prompte, vigoureuse et indispensable sur les moyens de sauver la Patrie... Il n'est plus temps de tergiverser, ajoutent-ils, il faut sur le champ embrasser la mesure proposée, sans quoi les sections les prendront d'elles-mêmes, la députation ne désemparera que lorsque l'Administration aura délibéré sur le vœu des sections. »

On le voit, Cardonnet qui aurait voulu

enrayer le mouvement Jacobin par des moyens légaux, hésitait à entrer dans un courant révolutionnaire. Cependant ses amis, la Société Républicaine, les délégués des sections, la grande majorité des républicains du Gard manifestaient hautement l'intention de s'y engager quand même.

Fallait-il abandonner le gouvernail à ce moment critique? il ne pouvait pas, étant donné les opinions de toute sa vie, se mettre du côté de ses adversaires politiques. Il fallait ou se démettre de ses fonctions de président du Conseil d'administration ou entrer dans un mouvement qui avait pour but non de renverser la République mais d'arrêter la Convention sur la pente qui bientôt devait aboutir à la Terreur.

Les vœux exprimés furent adoptés et les communes invitées « à élire chacune un citoyen pour se rendre à Nimes le 20 juin, à l'effet de déterminer dans leur sagesse, la conduite à tenir pour diriger les mouvements politiques qui agitent le département vers le triomphe de la liberté, de l'égalité, de l'unité et de l'indivisibilité de la République. »

Dans une allocution prononcée dans la séance

du 17, Cardonnet terminait par ces mots : « Puissent nos administrés applaudir à nos efforts, partager notre courage et se persuader que si nous n'avons pas pu éviter les agitations d'un mouvement irrégulier, nous avons du moins tâché d'éviter le choc qui eût pu briser tous les ressorts et tous les liens du gouvernement, de la morale et de la politique » (1).

Le 21 juin, les députés des communes du Gard se réunirent dans l'ancienne église du Grand-Couvent (2). Cardonnet ouvrit la première séance par un discours dans lequel il disait que le désir de l'administration était « de seconder les mesures que les délégués du peuple détermineraient de prendre dans ces circonstances, » mais il ajoutait ensuite : « Arrière de nous, citoyens, toute idée de fédéralisme ; la République française est un tout indissoluble, dont il faut conserver l'unité, l'indivisibilité, au péril de nos jours et de nos fortunes » (3).

L'Assemblée prit le titre d'*Assemblée représentative des Communes du Gard* et manifesta tout de suite son intention formelle « de résister

(1) *Arch. dép.* I. L. 3. 8. p. 414, 422.
(2) Aujourd'hui le Petit Temple.
(3) *Arch. dép.* I. L. p. 462.

à l'oppression et de joindre ses armes à celles de tous les amis de la Liberté, de l'Egalité et de la République une et indivisible. »

Elle se met en rapport avec les départements voisins par une adresse dans laquelle elle justifie la ligne de conduite qu'elle s'est tracée et par l'envoi de deux commissaires en vue d'établir une action commune ; elle vote l'organisation d'une force armés de 1,200 hommes.

Elle casse et annule « tous les arrêts rendus dans le département par les commissaires (1) Bonnier, Voulland, Fabre et Bonnel, relatifs à des arrestations, à des désarmements, à des formations de commissions, suspensions de procédure et de fonctionnaires (2) » et demande la destitution de tous les administrateurs qui n'approuvent par ces mesures : elle appelle Cardonnet aux fonctions de procureur général syndic mais il refuse.

Un Comité de salut public fut nommé. Il se composa des membres du Conseil d'administration et de deux membres de chaque district ; il fut chargé de continuer l'œuvre de l'Assem-

(1) De la Convention.
(2) *Arch. dép.* I. L. 3. 8. p. 492.

blée en appliquant ses décisions. Il désigna Cardonnet comme président.

Invités par les administrateurs des Bouches-du-Rhône à envoyer 600 hommes de gardes nationales à Tarascon, et de nommer deux commissaires civils pour diriger, de concert avec ceux de ce département, le corps d'armée ainsi formé, ils en envoient 300. Ils adhèrent ensuite à la proposition faite par le Comité de salut public de la Gironde d'envoyer deux commissaires à Bourges en vue de la formation d'un Comité central chargé de diriger le mouvement fédéraliste en France.

Les décisions prises par les représentants Bonnet et Fabre, concernant le désarmement de certains citoyens du Pont-Saint-Esprit, sont déclarées nulles et non avenues et le ministre de l'Intérieur Garat blâmé pour avoir « prêté son contre-seing à la propagande d'écrits anarchistes et désorganisateurs. » De plus, la publication de divers décrets de la Convention est suspendue.

Le 28 juin, Cardonnet prit un congé et alla passer quelques jours, au sein de sa famille et de ses amis de Saint-Jean-du-Gard. Il avait là des intérêts à surveiller; et puis, il éprouvait sans doute, le besoin de retrouver un peu de calme après les émotions de la période qui venait de s'écouler. Il faut ajouter qu'à Saint-Jean se trouvait un foyer ardent de *fédéralisme :* Beaux et Bertézène cadet (1) qui, plus tard, ainsi que Cardonnet, seront des victimes de la Terreur sont là ; et une foule d'autres qui, eux aussi, seront arrêtés comme suspects et ne devront leur salut qu'à la réaction de Thermidor, partagent les convictions anti-montagnardes de Cardonnet et l'encouragent à persévérer dans la voie où sont entrés les Girondins du Gard. C'est pendant ce séjour qu'il est décidé que 50 grenadiers de Saint-Jean-du-Gard devront se rendre à Pont-Saint-Esprit au plus tard le 8 juillet pour organiser la résistance dans cette ville.

Le 6 juillet Cardonnet reprend la présidence. Un fait qu'il est bon de citer, prouve que, tout en désirant la disparition du parti jacobin, le Comité de salut public ne comptait prendre aucune mesure tendant à contrarier la défense nationale. Le représentant Bonnet, qui se trouvait à Lunel, voulant se rendre « aux Alpes pour

(1) Frère du Conventionnel.

solliciter du général et de ses collègues un secours en armes et en force », demande le libre passage dans le Gard. Cardonnet lui répond aussitôt : « Venez avec confiance au milieu de nous ; venez voir et entendre des hommes qui, comme vous, aiment la Patrie, qui comme vous veulent la liberté, et qui vous entretiendront, avec la fraternité de vrais républicains et le courage qui est le devoir des mandataires du peuple. »

Les représentants près l'armée des Alpes : Dubois-Crancé, Albite et Gauthier prirent tout de suite des mesures afin d'empêcher la jonction des forces fédéralistes du Gard et de Marseille avec celles du Rhône-et-Loire. Le général Carteaux à la tête de 4,000 hommes fut envoyé à Pont-Saint-Esprit pour s'emparer de cette ville « foyer ardent de fédéralisme. »

Le Comité de salut public organise la résistance et après une entente avec les départements de l'Hérault et des Bouches-du-Rhône, arrête « qu'il sera envoyé à Pont-Saint-Esprit des détachements de gardes nationales en force suffisante pour empêcher que la ville ne soit occupée par les troupes qui semblent menacer de s'y porter pour asservir les départements du Midi en état de résistance à l'oppression. » Dans une lettre à Dubois-Crancé il proteste de son dévouement à la République une et indivisible et se défend de toute idée de fédéralisme qui tendrait à morceler la France ; il le somme, en outre de diriger le corps d'armée placé sous les ordres du général Carteaux vers l'armée des Pyrénées.

Le moment décisif paraissait être arrivé ; les forces départementales allaient être mises en présence des troupes régulières, la guerre civile allait éclater ; le sang français allait être versé par des mains françaises. Ce fut, dans ces circonstances particulièrement graves, que l'*Assemblée des communes* se réunit à Nîmes le 19 juillet, sous la présidence de Cardonnet, pour une deuxième session.

L'Assemblée approuva, dès la première séance, les mesures prises antérieurement par le Comité de salut public, déclara « qu'il avait bien mérité de la chose publique » et « applaudit à celle proposée pour la défense du Pont-Saint-Esprit », « le charge d'employer tous les moyens qui sont en son pouvoir pour faire concourir le peuple du Gard au salut de la République..... »

Sur la Constitution, que la Convention venait

de voter, il fut déclaré que « ce projet d'acte constitutionnel » avait été délibéré « sous l'influence d'une faction sanguinaire et avec une précipitation qui est un nouvel outrage pour les droits du peuple » qu'en outre l'Assemblée était privée « par la violence la plus criminelle de trente-deux de ses membres les plus éclairés et les plus courageux, lorsqu'elle a délibéré sur ce projet de constitution qui exigeait essentiellement le concours de toute la représentation nationale, que néanmoins, l'*Assemblée représentative,* pleine de respect pour la souveraineté du peuple, a pensé que, dans un objet aussi grave, le peuple souverain devait délibérer lui-même immédiatement sur des intérêts si majeurs, charge l'administration, lorsqu'elle aura reçu l'acte constitutionnel, de l'envoyer aux districts qui le feront parvenir aux communes, afin que le peuple délibère dans sa sagesse et dans sa souveraineté s'il doit rejeter ou accepter ce projet de constitution. »

La dernière décision prise, eut pour but d'organiser la résistance en réquisitionnant les gardes nationales du département qui devront se mettre en marche « dans les 24 heures », et en enjoignant aux municipalités de « fournir aux volontaires qui se mettront en marche des fusils et des munitions. » Trois de ses membres sont chargés d'aller remettre à Dubois-Crancé la déclaration rédigée la veille, à se concerter ensuite « avec les commissaires du Comité de salut public du Pont-Saint-Esprit, et à prendre tous les moyens possibles pour détromper les représentants du peuple et l'armée sur les intentions des citoyens du département du Gard. »

Viger, président de l'Assemblée, se rendit immédiatement au Pont-Saint-Esprit pour se concerter avec Marignac (1) et ses collègues sur les mesures à prendre pour la défense de cette place.

Toutes ces dispositions devaient être vaines. Le 14 juillet au matin, la place fut cernée et Marignac « évacua sans bruit la citadelle avec six ou sept cents hommes soldés par le département. » Les clefs de la ville furent remises à Carteaux, par les représentants des autorités locales et le général y entra sans « qu'une seule goutte de sang eut été versée. »

L'administration du département et le Comité de salut public apprirent le jour même cette

(1) Commissaire civil, délégué par l'*Assemblée des communes.*

nouvelle par Marignac et Sugier et, le soir même, dans une délibération motivée, déclarèrent « que toutes les mesures prises relativement aux événements du 31 mai, 1 et 2 juin cesseront dès ce moment d'avoir leur effet et qu'ils les rétractent. »

L'*Assemblée représentative* suit cet exemple et le lendemain 15 juillet, avant de se dissoudre, « déclare qu'il y a lieu à accepter la Constitution, ordonne au département et aux districts de la faire parvenir aux municipalités et invite les citoyens à se réunir promptement en assemblée primaire pour émettre leur vœu..... Rapporte toutes les délibérations qu'elle a prises contraires à la présente délibération..... »

Les huit districts s'empressèrent de se rallier à la Convention.

Le mouvement fédéraliste dans le Gard avait vécu. Cardonnet, sans doute, s'était compromis quoique ses hésitations aient été bien manifestes. Son caractère droit et loyal lui mérite cependant le respect de ses adversaires (1).

(1) Le 25 septembre 1793, dans le *Courrier d'Avignon*, journal semi-officiel, Agricol Moreau écrivait : « Cardonnet voulait le bien, mais il fut dupe des traitres. »

M. F. Rouvière, l'éminent auteur de l'*Histoire de la*

La plupart des administrateurs fédéralistes des districts donnèrent leur démission ou furent révoqués, mais ceux du département durent reprendre leurs fonctions.

Les Assemblées primaires furent convoquées et un chaleureux appel à la concorde et à l'oubli fut adressé par le Conseil d'administration à ses administrés. La Constitution ayant été unanimement acceptée, il fut décidé qu'une fête serait célébrée le 10 août en l'honneur de cette acceptation.

Les administrateurs durent s'occuper activement de coopérer à la défense nationale en réclamant de nouveaux contingents. Les Espagnols menaçaient la frontière des Pyrénées et les troupes, composées en grande partie de volontaires provenant de la levée en masse, étaient mal habillées et dépourvues d'armes; il fallut pourvoir à leur équipement et ensuite leur procurer la farine et autres denrées alimentaires qui leur étaient indispensables.

Ce n'était pas chose facile étant donné la disette qui commençait à se faire cruellement

Révolution dans le Gard nous écrivait tout dernièrement : «Cardonnet est une des figures les plus sympathiques que j'ai rencontrées dans mes recherches. »

sentir. Cardonnet et ses collègues firent le possible et facilitèrent ainsi la tâche des défenseurs de la patrie.

Mais les divisions politiques existaient toujours, les Sociétés Populaires, toutes jacobines, essayaient de prendre leur revanche. Maintenant elles avaient l'oreille des représentants de la Convention et possédaient une influence incontestable.

Les administrateurs, voyant leur influence disparaître, voulurent s'expliquer auprès de leurs administrés et, dans deux adresses, essayèrent d'expliquer et de justifier leur conduite antérieure. En premier lieu ils firent l'historique des efforts tentés pour ramener l'union entre les citoyens de Nîmes et du département, pour assurer la tranquillité publique, pour se procurer les subsistances nécessaires à l'alimentation du département, pour l'application des décrets de la Convention au sujet de la perception des impôts et en vue d'éteindre le fanatisme renaissant, pour vulgariser les principes de fraternité par la fondation et la dotation d'hôpitaux. Ils pouvaient aussi revendiquer l'honneur d'avoir pu fournir à l'armée nationale 3,856 soldats à l'équipement desquels ils avaient eu à pourvoir. Dans la seconde partie, ils expliquaient leur position pendant le mouvement fédéraliste; ils sentirent la nécessité de s'expliquer longuement sur ce point.

Nous ne saurions mieux faire que de reproduire ici les arguments que met en avant Cardonnet, qui rédigea cette remarquable adresse dont nous ne pouvons donner que quelques extraits.

La Convention nationale était depuis longtemps violemment agitée : les citoyens n'avaient pu rester spectateurs tranquilles des débats scandaleux dont ils étaient les témoins; ils craignaient une explosion terrible qui pouvait emmener la dissolution de l'Etat. Les sections de Nîmes, d'Alais, d'Uzès, de Saint-Hippolyte, d'Anduze, de Saint-Jean, de Sauve, etc., s'étaient déclarées permanentes; elles attendaient impatiemment le rapport longtemps annoncé sur les causes des troubles qui déchiraient et la Convention nationale et Paris. La nouvelle de l'arrestation de trente-deux représentants du peuple arriva dans les départements; on n'avait articulé aucun délit contre ces députés; la cause de leur arrestation était inconnue : on ne l'imputait qu'à une différence d'opinion, respectable tant qu'elle n'a pas sa source dans des intentions criminelles. La majorité des citoyens de notre département fut allarmée d'un acte qui lui parut menacer la liberté publique. A Nîmes, les sections délibérèrent que le Club Populaire serait fermé; il le fut; on désarma quelques citoyens; nous ne pûmes ni arrrêter ces voies de fait ni les réparer; nos tentatives ne produisirent rien; l'effervescence était à son comble; la voix des magistrats ne pouvait plus se faire entendre, parce que le salut de la Patrie était le but auquel les citoyens pensaient que les conduiraient leurs mesures. Les craintes des habitants du Gard furent celles des citoyens d'un grand nombre de départements; déjà l'administration de la Côte-d'Or avait provoqué l'envoi d'un commissaire par département auprès de la Convention; déjà celle du Jura avait convoqué les suppléants à Bourges et invité les autres départements à prendre la même mesure; déjà la Gironde avait établi une commission populaire de Salut public; l'Isère avait convoqué un député par Assemblée primaire. Nos concitoyens crurent à leur tour devoir prendre des mesures générales; leur zèle fut excité par l'exemple des départements qu'ils avoisinaient; les douze sections de Nîmes et les trois d'Alais nous firent demander par des députés, d'imiter le département de l'Isère; elles nous dirent *qu'il n'était plus temps de tergiverser, qu'il fallait sur le champ embrasser la mesure proposée, sans quoi les sections la prendraient elles-mêmes; que la députation ne désemparerait que lorsque l'administration aurait délibéré sur le vœu des sections.*

Nous vîmes que nous chercherions en vain à arrêter le mouvement qui s'opérait; qu'en le croisant nous pourrions le rendre terrible; que les citoyens, s'ils étaient livrés à eux-mêmes, s'ils délibéraient dans les assemblées nombreuses de leurs sections prendraient des mesures incohérentes et dangereuses; nous crûmes que, dans une République, lorsque le peuple est vivement alarmé sur sa liberté, c'est à lui à la défendre (1).

Les administrateurs se retranchaient devant la volonté nettement exprimée de leurs concitoyens en vue de la convocation de l'*Assemblée représentative* et justifiaient les arrêtés qu'ils avaient pris par les décisions de la dite Assemblée.

Le 8 août, Cardonnet et Troupel furent délégués auprès des représentants Rovère et Poultier, qui se trouvaient à Avignon, afin de leur fournir les explications qu'ils jugeraient nécessaires et rétablir les faits qui pourraient avoir été dénaturés. Ils reçurent un accueil cordial de ces représentants qui leur annoncèrent leur arrivée prochaine à Nîmes.

La « Société Populaire », maintenant toute puissante, dirigeait sans conteste le mouve-

(1) *Arch. dép.* I. L, 6, 12, n° 55.

ment : la position des administrateurs était critique. Le 11 août, une délégation jacobine se présentait à la barre de la Convention pour demander « qu'ils fussent déchus, pendant vingt ans, de toutes fonctions publiques. »

Cardonnet et ses collègues protestèrent immédiatement par une lettre énergique adressée à Rovère et à Poultier, et par une adresse à la Convention dans laquelle ils reproduisaient les considérations exposées dans le précis dont nous avons donné quelques extraits ci-dessus.

Ces réclamations furent vaines, la « Société des Républicains français » fut dissoute, les administrateurs et la municipalité de Nîmes furent destitués.

Le 12 septembre, à 5 heures du soir, l'administration du district de Nîmes, procèda à l'installation de la nouvelle administration départementale (1).

« Nous recevons avec respect, dit Cardonnet, l'arrêté qui prononce notre destitution. Depuis que le corps électoral nous a honorés de sa

(1) Elie Dumas, de Saint-Jean-du-Gard, fit partie de la nouvelle administration dont il fut le vice-président.

confiance, nous avons employé tous nos efforts à la justifier.

« Forts du témoignage de notre conscience, nous osons aspirer à votre estime ainsi qu'à celle de nos concitoyens. Comme républicains, comme français, nous désirons que nos successeurs soient plus heureux que nous, et qu'ils obtiennent de plus grands succès dans l'administration qui leur est confiée.

« Rentrés dans la classe des citoyens, nous allons consacrer nos moyens et notre existence au salut de la patrie, ainsi qu'au triomphe de la liberté, de l'égalité et de l'indivisibilité de la République.

« Tels ont été, tels seront toujours nos sentiments et nos principes; nous en réitérons le serment au milieu de vous. »

Après sa destitution, Cardonnet retourna à Saint-Jean-du-Gard, auprès des siens; il trouva, dans sa ville natale, avec le repos qui lui était nécessaire, le réconfort dont son âme avait besoin.

Un patriotisme de bon aloi régnait au milieu de cette population toujours éprise de justice et de liberté. Malgré la rigueur des temps et la disette qui se faisait cruellement sentir, jamais un appel à la bienfaisance ne fut méconnu, et chaque fois que la patrie eut besoin de défenseurs, des citoyens nombreux se levèrent pour défendre ses droits et son honneur. Citons deux traits, vraiment émouvants, qui se produisirent pendant le dernier séjour de Cardonnet à Saint-Jean-du-Gard.

Un arrêté du Conseil administratif appelait sous les drapeaux les citoyens « de la première classe » — c'étaient cinq hommes par compagnie de gardes nationales désignés par le sort. — Une pétition fut adressée au district d'Alais par « les citoyens de la garde nationale de Saint-Jean, composant la première classe en réquisition, dans laquelle ils exposent qu'ils sont prêts à marcher partout où le service de la République l'exigera et qu'ils ont juré de partager le péril et l'honneur des combats en défendant la patrie, mais, étant donné l'amitié qui les unit, ils demandent à ne pas être divisés, ce qui aurait lieu si, conformément aux dispositions de l'arrêté du Conseil administratif, ils fournissaient cinq hommes par compagnie. »

« Le Conseil de district, considérant que depuis le commencement de la Révolution, les citoyens de Saint-Jean-du-Gard n'ont cessé de donner des preuves de leur attachement à la chose publique et qu'ils occupent un rang honorable parmi les vrais républicains......, applaudit à la résolution patriotique des citoyens de Saint-Jean-du-Gard composant la première classe en réquisition, accepte leur offre avec les plus vifs empressements et arrête :

« 1° Que les dits citoyens se mettront en marche le lendemain.....

« 2° Que mention honorable de leur zèle civique sera faite dans le registre de ses délibérations (1). »

Au jour fixé, 148 défenseurs de la patrie quittaient Saint-Jean pour voler aux frontières.

Berthezène, maire, avait donné sa démission dès le 10 août : « J'ai l'honneur de vous faire observer, disait-il à ses collègues, que je puis être plus utile à ma patrie les armes à la main que décoré de l'écharpe tricolore...... Il ne me sera pas difficile de vous prouver que je puis être remplacé par un citoyen qui, par son âge, se trouve exempté par la loi et qui, par son expérience, ses talents et ses lumières, pourra

(1) *Registre du Conseil municipal de Saint-Jean-du-Gard*, 1791 à an II, p. 239-241.

se rendre plus utile à la commune en remplissant la place que j'occupe. »

Les membres du Conseil municipal n'acceptèrent pas cette démission et provoquèrent une décision du Conseil du district qui, reconnaissant « que le citoyen Berthezène ne pouvait point donner sa démission, applaudissait à la nouvelle preuve de dévouement de ce brave républicain et l'exhortait à rester au poste où la confiance de ses concitoyens l'avait placé et où la loi le retenait. »

Berthezène insista encore et la question fut portée devant le Conseil départemental qui statua en dernier ressort. Il dut rester maire de Saint-Jean, pour peu de temps hélas! La Terreur allait commencer.

Cardonnet trouvait dans la petite ville cévenole, des cœurs qui battaient à l'unisson du sien.

La nouvelle administration départementale organisa un Comité de salut public pour le département du Gard « chargé de faire exécuter la loi du 17 septembre 1793, contre les suspects. » Naturellement les anciens administrateurs entraient dans cette catégorie; aussi, le 8 octobre, un mandat d'arrêt fut lancé contre Cardonnet mais il ne fut pas arrêté. Le 26 nivôse (15 janvier 1794), il se constitua prisonnier à la citadelle de Nîmes, d'où il fut transféré à la prison du Palais le 3 ventôse (21 février), sur l'ordre de l'accusateur public. Il devait être jugé par le tribunal révolutionnaire (1).

Avec Cardonnet comparurent six autres accusés : Boisson Antoine, juge de paix ; Belle, imprimeur ; Griolet père ; Colomb ; Cler Jean et Rouvière-Truchaud.

De longs et nombreux interrogatoires précédèrent leurs jugements ; ils surent si bien se défendre que le président du tribunal et l'accusateur public crurent devoir soumettre ce cas à la Convention elle-même. Voulant punir les chefs du mouvement fédéraliste, ils ne savaient pas s'ils devaient considérer comme tels les membres de l'administration départementale, ceux de l'Assemblée représentative, du Comité de salut public ou tels autres. Leurs scrupules durent être vite ôtés car ils décidèrent peu après

(1) Boudon-Lasalle fils, de Saint-Jean, qui avait succédé à Cardonnet, comme maire, faisait partie de ce tribunal.

de poursuivre en premier lieu, les administrateurs.

Les accusés adressèrent au tribunal un mémoire justificatif et « sollicitèrent de sa justice le renvoi des cas qui les concernaient au Comité de sûreté générale, ainsi que les lois, leurs intérêts et leurs sentiments leur en accordent la faculté. » Cela ne leur fut pas accordé.

Le 12 germinal (1er avril 1794), ils furent traduits devant le tribunal révolutionnaire. L'accusateur public (1) donna lecture de l'acte d'accusation. Dans ce réquisitoire il rappelait les principaux événements qui s'étaient passés depuis le mois de juin et la part prise par les accusés dans le mouvement fédéraliste : « Cardonnet, de Saint-Jean-du-Gard, dit-il, était le président de l'infâme Comité de salut public, qui ne connaissait plus l'autorité légitime, dictait des lois aux citoyens du Gard, organisait des bataillons pour marcher sur Paris. » En conséquence, il demandait que Cardonnet et ses co-accusés, « fussent jugés conformément aux lois et décrets » qu'il citait dès le début.

Après Boisson, du Vigan, qui fut condamné

(1) Bertrand, de Bagnols.

à mort, Cardonnet fut appellé à la barre du tribunal. Le président lui posa les questions suivantes :

D. — N'avez-vous pas fait des réquisitions pour des mulets pour la conduite des canons au Saint-Esprit?

R. — Si je l'ai fait, je ne m'en rappelle pas, et d'ailleurs si cela est, je ne l'ai fait que par ordre de l'administration.

D. — N'étiez-vous pas président de l'administration du département ?

R. — Oui, citoyen.

D. — Pourquoi préférâtes-vous la présidence du Comité de salut public à la présidence de l'Administration du département?

R. — C'est en qualité de président de l'Administration du département que je devins président du Comité de salut public.

D. — N'étiez-vous pas au Comité lorsqu'un courrier de la Gironde, apporta un plan de conspiration qui déterminait Bourges pour le lieu de rendez-vous des députés de tous les départements ?

R. — Je ne me rappelle pas cela.

D. — Le président n'est-il pas toujours membre du corps qu'il préside ?

R. — J'y consens.

D. — Ne saviez-vous pas que le plan des Girondins était un attentat contre la Convention nationale ?

R.— On nous disait que c'était pour protéger la Convention. Nous fûmes entraînés dans cette erreur ; mais l'intention du département n'a pas été de faire scission avec la Convention nationale.

D. — Comment peut-il se faire que vous n'eussiez pas l'idée du renversement légitime (?) puisque dans le procès-verbal du 27 juin dernier il est dit qu'on ordonne la suspension des lois de la Convention nationale ?

R. — On n'entendait parler que des lois particulières et non des lois générales : celles-ci ont toujours été envoyées exactement. L'égarement, eut-il existé, n'a été que passager ; il a été effacé par la rétractation.

D. — N'avez-vous pas formé des bataillons sous le nom de forces départementales?

R. — C'est l'Assemblée, dite représentative, qui a proposé cette formation, dans la vue d'aller secourir la Convention.

D. — N'avez-vous pas incité les départements environnants à opérer la contre-révolution et à envoyer à Lyon leur contingent de forces départementales?

R. — C'est une suite de l'erreur dont j'ai parlé ; c'était, comme je l'ai déjà dit, pour protéger la Convention, que se prenaient toutes ces mesures.

D. — N'êtes-vous pas instruit qu'il se soit imprimé des discours contre-révolutionnaires signés par vous-même?

R. — Non, jamais, citoyen, on l'a fait à mon insu.

D. — Ne savez-vous pas que cette prétendue autorité, dite Assemblée représentative, était illégale?

R. — Non. C'était une erreur. La Convention nationale l'a déclaré elle-même en disant le 26 juin : « l'administration du Gard un instant égarée, etc... » par la rétractation dans les trois jours. On vint à l'administration à force armée pour la forcer à prendre des délibérations qu'elle croyait salutaires.

D. — Vint-on à l'administration pour la forcer à adopter ces mesures?

R. — Non, on y vint sans armes.

D. — Plusieurs de vos collègues ayant été destitués par l'assemblée, dite représentative, ne vîtes-vous pas que cet acte était illégal?

R. — Nous gémîmes, mes collègues et moi, mais nous ne pûmes empêcher ce mal.

D. — N'aviez-vous pas connaissance des arrêtés de l'assemblée, dite représentative, lorsque le Comité de salut public se joignit au département?

R. — On nous les communiquait quelquefois ; il y a eu des torts d'erreur et d'égarement de notre part, mais la rétractation a tout effacé.

Malgré la plaidoirie de ses défenseurs, Cardonnet fut déclaré « convaincu » et condamné à la peine de mort.

Le soir même de ce jour, il voulut, lui-même, communiquer à sa femme la fatale nouvelle et la préparer à l'épreuve qui allait fondre sur elle.

Voici cette lettre :

Nimes ce 12 Germinal, an II de la République françoise une et indivisible.

A MA CHÈRE ET DIGNE ÉPOUSE,

Ma main tremblante vient, ma chère amie, te tracer les adieux de mon cœur palpitant ; il n'a jamais cessé de te chérir, et s'il a des regrets, c'est celui de te quitter ainsi que mes chers enfants; je meurs victime de mon amour pour ma Patrie et de ma confiance pour des gens qui m'ont entraîné dans l'erreur; mais ma conscience est tranquille; je n'ai jamais agi que pour le bien. Oh! quel coup pour ton âme sensible! Mais, ô moitié de moi-même, je t'en conjure par ce qu'il y a de plus sacré, vis pour nos enfants; parle-leur quelquefois de leur infortuné père; répète-leur sans cesse de ne jamais accepter de place publique; un de mes plus cuisans chagrins est de les envelopper, ainsi que toi, dans mon malheureux sort; vis pour venger ma mémoire de l'injustice et de l'ingratitude des hommes qui m'ont laissé sacrifier.

Un funeste pressentiment ne m'avait jamais quitté; mais je n'aurais jamais cru mes semblables capables de l'abandon où ils ont laissé ma cause à mes derniers instants; la vertu n'est plus qu'un nom; mais mon âme est pure; elle retourne avec confiance vers l'Auteur de toutes choses; je n'ai été ni un traître ni un contre-révolutionnaire, j'ai voulu le bien de mon pays; j'espère qu'avec le temps ma réputation triomphera de toutes les calomnies, dont on voudra sans doute la noircir; j'emporte, du moins, cet espoir et cette consolation avec moi; j'ai défendu ma cause avec franchise et fermeté.

J'ai eu la douleur de voir que j'ai été la dupe des vrais coupables. Puisse ma Patrie se rétablir insensiblement de toutes les choses que l'esprit de parti lui a portées depuis quelque temps!

Puisse un gouvernement stable et digne d'un

peuple libre être bientôt substitué au torrent révolutionnaire qui m'engloutit! Puisses-tu, après t'être soumise avec résignation à la terrible catastrophe qui te dévoue au sort le plus cruel, sentir qu'il faut faire un effort de courage pour conserver à tes enfants et des moyens et ton secours! Puisses-tu me pardonner d'être la cause innocente de ton malheur! Puissent, ces enfants que j'ai toujours chéris plus que moi-même, croître et prospérer dans un avenir plus heureux! Pratique toujours la vertu ; et, à cet égard, je crois que tu peux me citer à eux pour exemple, car je me crois vertueux, je puis l'avouer sans amour propre, et je n'ai aucun tort grave à me reprocher ; j'ai aimé mon prochain comme moi-même, je n'ai pas fait à autrui ce que je ne voudrais pas qu'on m'eût fait; le vœu le plus cher à mon cœur, a toujours été le bonheur de mes frères; j'espère qu'ils le sentiront un jour et qu'ils donneront quelques larmes à ma mémoire.

Adieu, je t'embrasse de toute mon âme ; je cours à l'échafaud ; adieu pour jamais ! les pleurs me suffoquent; conserve mon souvenir. Adieu, mon cœur se déchire, en attendant qu'on déchire mon corps; adieu (1)!

CARDONNET.

(1) L'original de cette lettre est entre les mains de M. Lauriol, de Saint-Jean-du-Gard, petit-fils par alliance de Cardonnet.

Cette lettre peint bien l'homme qui l'a écrite ; ce n'est pas en présence de la mort que l'on cherche à faire des phrases. C'est un grand cœur qui se réveille dans toute sa beauté, s'affligeant, non pas tant sur lui-même que sur le malheureux sort de sa famille et les fautes de sa patrie. C'est le testament politique d'un citoyen, qui, sur un plus vaste théâtre, eût certainement donné la mesure de son patriotisme et de ses talents.

Le 15 germinal (vendredi 4 avril 1794), les condamnés furent exécutés sur la place de l'Esplanade : « Tous grands partisans de la Révolution et des libertés, dit l'abbé Laborie, ils sont morts sans témoigner le moindre repentir. Le seul Belle, a paru regretter de n'avoir pas un confesseur, mais après sa condamnation et dans le moment où toute communication était impossible. Tous les autres étaient calvinistes. Parmi eux, l'un d'eux a dit aux juges : « *Vous venez de nous condamner, eh bien nous préférons notre position à la vôtre.* »

Les corps des suppliciés furent transportés au cimetière du Jeu-du-Mail, sur l'emplacement duquel est installé le marché aux bestiaux.

Après la mort de son mari, Mme Cardonnet

dut se retirer à Thélisse (1) où habitaient ses parents. Les propriétés de Cardonnet ayant été mises sous séquestre (2), elle ne possédait pas les moyens d'élever sa famille et ses enfants durent aider aux travaux des champs. Mais après le 9 thermidor, elle rentra en possession de ce qui appartenait à son époux et vint habiter soit sa propriété de Cambounéral, soit sa maison de Saint-Jean-du-Gard.

Elle y vécut très retirée, se consacrant exclusivement à l'éducation de ses enfants (3), et mourut le 7 ventôse an XII (27 février 1804).

(1) Située dans la commune de Thoiras à 6 kilomètres de Saint-Jean-du-Gard.

(2) Sa maison de Saint-Jean servit de « magasin des subsistances ».

(3) Deux de ses enfants se marièrent.

1° Pierre-Louis Victor avec Mlle Amélie-Coraly Gervais de Rouville. De ce mariage naquirent quatre enfants dont un mourut en bas âge.

Albert, épousa Mlle Fraissinet, d'Anduze et mourut sans enfants. — Marie-Mathilde, épousa M. le pasteur Salvaing, n'eut qu'un fils (Paul) qui mourut avant elle et Marie-Amélie qui épousa M. Aimé Loriol, avocat, n'eut aussi qu'un fils (Louis) qui la précéda au tombeau. Mme Lauriol a montré son attachement à sa ville natale par de généreuses libéralités.

2° Jeanne-Adèle avec M. Henri Colomb, banquier aux Vans (Ardèche). Elle eut sept enfants dont deux moururent en bas âge, ses quatre fils se marièrent : Ernest avec

Les révolutions successives et les changements du gouvernement avaient fait perdre de vue les hommes qui ont été les initiateurs de la liberté et les fondateurs de la République dans les Cévennes; il était cependant impossible que leur souvenir périt.

Plus d'un siècle après, le 16 février 1897, sur la proposition de quelques-uns de ses membres le Conseil municipal de Saint-Jean-du-Gard, prenait la délibération suivante:

Considérant qu'il est bon de conserver le souvenir et d'honorer la mémoire des citoyens qui se sont dévoués à la chose publique et qui ont consacré leurs efforts au triomphe de la liberté.

Considérant que M. Cardonnet (Jacques-Josué), né à Saint-Jean-du-Gard le 2 décembre 1744, et exécuté à Nîmes le 15 germinal an II (14 avril 1794), a été un citoyen intègre, un homme de bien et un

Mlle Laure Kleffer; Alphonse avec Mlle Mathilde Chazel; Albin, en premières noces avec Mlle Hortense Sugier et en secondes noces avec Mlle Emma Montet; Oscar avec Mlle Aglaé d'Aldebert et son unique fille Léonie avec M. Léonce Destrenx, ancien député.

Les familles Largot, Meynard, Fougeirol (sénateur), Echallié, Charrier, Ausset, Silhol, Rollin, de Rouville, Breyton, Baizon, Castéran Huguet et François Bonifas, sont entrées par alliances dans la famille Colomb-Cardonnet.

magistrat dévoué; que, comme maire de Saint-Jean-du-Gard de 1789 à 1791 et comme administrateur du District d'Alais et du département du Gard jusqu'en 1793 il a toujours donné l'exemple du devoir, a été un modèle de patriotisme et l'un des initiateurs de la République,

Le Conseil municipal décide que l'avenue, dite actuellement Route Neuve, sera dorénavant appelée Avenue Cardonnet (1).

Signé : C. CORBENAS, MÉRIC, BÉNÉZET, TARDRES, L. VERDIER, A. RANQUET, E. DELEUZE, PIERREDON, E. DAUMET.

Le dernier vœu de Cardonnet était satisfait, ses concitoyens avaient salué avec respect la mémoire d'un homme de bien et d'un patriote sincère.

---

(1) Un remaniement complet du nom des rues de Saint-Jean-du-Gard ayant été décidé, c'est la Rue Haute-de-Villeneuve qui porte actuellement le nom de rue Josué-Cardonnet.

APPENDICE

Acte de naissance de Cardonnet (Jacques-Josué)

L'an 1744 et le 5 décembre a été baptisé Jacques-Josué Cardonnet, né le 2 de ce mois, fils de M. Josué Cardonnet, avocat au Parlement et de feue Marie Rudavel, mariés, de ce lieu de St-Jean-de-Gardonnenque. Le parrain a été M. Jacques Clerguemort, médecin, auquel a prêté la main M. Marc-Antoine Clerguemort, son fils; la marraine, Mme Marie Rudavel, son aïeule, à laquelle a prêté la main Mlle Louise Lefèvre, sa cousine, toutes deux du dit lieu de St-Jean, ont été présents :

MM. Levi de la Coste, sieur du Peraïré; Justin de la Coste, seigneur de Cabrières et M. François Coste, avocat au Parlement, aussi du dit St-Jean, tous signé avec nous.

Fabié, curé.

Acte de mariage de M. Jacques-Josué Cardonnet et de Mlle Marie Campesval

L'an mil sept cent soixante-sept et le neuvième mars, nous soussigné, Ministre du saint Evangile, avons béni le mariage entre M. Jacques-Josué

Cardonnet, bourgeois, fils légitime de feu M. Josué Cardonnet et de dame Marie Rudavel, habitants de la ville de St-Jean-de-Gardonnenque d'une part, et demoiselle Marie Campesval, fille de M. Jacques Campesval, négociant, et de dame Françoise Lapierre, habitants de la ville d'Anduze. Présents : MM. Charles Albaret, orfèvre, Jean Noguier, bourgeois et Henri Teissier, teinturier, tous habitants de la ville d'Anduze.

Signé avec les parties : CARDONNET, CAMPESVAL, ALBARET, NOGUIER, TEISSIER et PAUL DALGUE, pasteur.

Délibération du 31 décembre 1788 en vue de l'assemblée d'Alais.

L'Assemblée.....

Considérant : « 1° Que le Languedoc gémit depuis longtemps sous une foule d'abus d'administration nuisibles aux intérêts de cette province.

« 2° Qu'on ne peut se flatter d'y remédier tant qu'on laissera subsister l'organisation actuelle de cet Etat puisque ces abus sont inhérents aux places des représentants qui y sont admis et non aux individus présents qui les occupent, auxquelles on se fait un devoir de rendre justice.

« 3° Que ces abus pourraient devenir beaucoup plus graves encore, si jamais la représentation respective des trois ordres devenait le partage de quelques hommes vils et corrompus, ainsi qu'on a toujours lieu de le redouter, lorsque c'est le siège, la terre, ou la municipalité et non le mérite, qui transmettent aveuglément le droit de délibérer à un individu quelconque qui peut être, par sa nature, vicieux ou ignorant.

« 4º Qu'un choix libre et fait à la pluralité des suffrages pourrait devenir nécessaire aux intérêts de la province du Languedoc, et devoir être même plus flatteur pour les membres des ordres respectables qui auront droit à l'élection.

« 5º Considérant encore que l'heureuse constitution que Sa Majesté vient d'accorder à sa province du Dauphiné, a justement obtenu l'approbation et excité les demandes d'un grand nombre de provinces, de diocèses, de villes, de municipalités et notamment celles du Languedoc, il conviendrait à Sa Majesté d'étendre ses vues paternelles sur cette province, et faire approprier à la constitution originelle de ses Etats les principes des Etats actuels du Dauphiné.

« 6º Que l'étendue du Languedoc, sa population, son agriculture, son commerce, les produits particuliers et précieux que son sol et sa température fournissent au reste du royaume ; l'activité, le zèle, la fidélité, l'industrie de ses habitants, peuvent leur faire espérer qu'un Monarque aussi vertueux et aussi jaloux d'opérer le bonheur de ses peuples, daignera leur accorder un bienfait, aussi signalé qu'indispensable, tant aux intérêts de l'Etat en général qu'à ceux de la province, qui est en partie principale.

« 7° Considérant enfin que l'Assemblée doit s'empresser, par toutes sortes d'égards, de répondre aux vues louables et patriotiques de la ville d'Alais avec d'autant plus de fondement qu'elle a déjà manifesté elle-même un pareil vœu, soit dans plusieurs délibérations précédentes, soit encore dans la dernière qu'elle a adressée au corps municipal de la ville épiscopale à l'effet d'en obtenir la présente convocation. »

Suivent sept propositions concernant surtout l'organisation de l'Assemblée d'Alais. Nous retenons la quatrième qui est une déclaration de principe.

« Que tout citoyen soit éligible lorsqu'il s'agira de députés aux Etats-Généraux, sauf l'exclusion généralement donnée aux agents du fisc, et aux juges qui pourraient être dans la dépendance de seigneurs, de la noblesse et du clergé..... »

Délibération de la Séance de la Viguerie d'Anduze (14 décembre 1788)

L'an mil sept cent quatre-vingt-huit et le quatorzième jour du mois de décembre, après midi, dans la salle de l'Hôtel de ville d'Anduze où le Conseil Général de cette ville a été convoqué, ainsy que les autres villes et Communautés qui composent la Viguerie, et pays des Cevennes. En exécution de la délibération du 5 de ce mois où le dit Conseil Général étant assemblé avec les députés des dites villes et Communautés de la dite Viguerie et pays des Cevennes faisant tant pour eux que pour les autres habitants des Communautés qui ont adhéré aux délibérations déjà prises sur le même objet, et ceux qui pourront y adhérer à l'avenir, MM. les Consuls et M. Benoit, second consul, Lieutenant du Maire portant la parole..... ont dit :

Qu'à la demande de plusieurs notables citoyens de cette ville, et en exécution de la délibération du Conseil Général du 5 de ce mois, ils ont convoqué cette Assemblée générale, à l'effet de manifester de nouveau le Vœu de cette ville, Viguerie, et pays des Cevennes, qui tend à obtenir en faveur du Tiers-Etat, dans la prochaine Assemblée nationale un nombre de représentants, au moins égal à celui du clergé et de la Noblesse réunis, sur quoy.

L'assemblée composée des trois ordres, pénétrée de respect, d'amour et de confiance pour l'Auguste Monarque, dont les vues sages et bienfaisantes ne tendent qu'au bonheur de ses sujets, et cependant alarmée de la résistance qu'opposent encore les intérêts particuliers, au bonheur des peuples, à la liberté des français, et aux vues de sa Majesté, a cru de son devoir, et de son intérêt, de porter de nouveau au pied du Trône, ses réclamations respectueuses, et considérant que le Conseil des Notables a estimé que les trois ordres de l'Etat doivent avoir un nombre égal de représentants, de manière que le Tiers-Etat, peuple immense, qui forme presque toute la nation ne balancerait pas les deux ordres du clergé et de la

Noblesse, qui n'en font que la troisième partie.

Que le Roy, ayant déclaré que le consentement général des peuples était nécessaire pour établir les Contributions; si les deux premiers ordres se réunissaient pour imposer à leur gré les sujets, ils se saisiraient du pouvoir que le Roy ne refuse pas à la Nation.

Que les peuples du Languedoc doivent s'élever avec d'autant plus de vigueur contre cette forme qu'elle porterait atteinte à leurs privilèges, attendu qu'il entre dans la Constitution des Etats de cette province, que les députés du Tiers-Etat y soient plus nombreux que ceux des deux autres ordres réunis.

Considérant, en second lieu, que l'avis des Notables serait, que la convocation des Etats-Généraux fut faite par Baillage, au lieu de l'être par la mesure décrite d'un arrondissement.

Que leur avis serait encore que les assemblées convocantes fussent présidées par un homme, d'un autre ordre que celui du Tiers-Etat forme contraire à la liberté, le président d'une assemblée populaire devant être élu par le peuple.

Que ces formes dictées par des intérêts particuliers doivent disparaître devant la force de l'intérêt public, appuyé de la volonté exprimée du Prince, et du vœu des peuples disposés à la soutenir.

Considérant, en troisième lieu, que le Conseil des Notables annonce que cette assemblée a pensé qu'on devait délibérer aux Etats-Généraux par ordre, et non par tête, forme qui, divisant les intérêts, semblerait préparer la réunion des deux ordres privilégiés contre le grand intérêt de la Nation.

Considérant, en quatrième lieu, qu'il ne peut y avoir d'autre règle pour la convocation des Etats-Généraux, que celle qu'exige le vœu et l'intérêt de la Nation, les Etats même de 1614 n'ayant pas été formés comme ceux qui les avaient précédés.

Que l'exemple du Dauphiné, donnant le vrai système des Etats, soit nationaux, soit provinciaux ; la nation doit se réunir pour supplier sa Majesté de vouloir bien appliquer cette forme aux Etats Généraux, mais que surtout les peuples du Languedoc, doivent la conjurer d'approprier cette forme aux Etats particuliers de leur province, afin que ce régime salutaire réforme une administration contre laquelle la noblesse a déjà réclamé.

Considérant néammoins que, dans la formation des Etats du Dauphiné, la classe des curés n'est point suffisamment représentée.

Que cette classe intéressante et précieuse composée de plus de quarante mille individus, outre trente mille prêtres, curés et desservants, formant au moins les dix-neuf vingtièmes de tout le clergé séculier du Royaume.

Que cette classe qui seule prend les hommes au berceau, les soutient, les aide, et les console, dans les événements fâcheux dont leur vie est parsemée, qui enfin les accompagne au tombeau, après avoir adouci et partagé l'horreur de leurs derniers moments, devrait former la plus grande partie de l'ordre du clergé dont ils sont l'ornement et la force.

Considérant enfin que, si les intérêts particuliers persistaient à arrêter les vues paternelles de sa Majesté, et à s'opposer au bonheur des peuples, ceux-ci doivent montrer au Roy d'autant plus de fidélité, qu'il leur marque lui-même plus d'amour, d'autant plus de courage et de persévérance qu'il leur montre plus de fermeté. L'accord des volontés du Souverain et des vœux du peuple étant la base du bonheur public.

Sur toutes ces considérations, l'assemblée a unanimement délibéré.

1° Qu'elle persiste dans sa délibération du 19 novembre dernier qui réclame les droits du Tiers-Etat.

2° Que sa Majesté sera suppliée de ne pas s'arrêter à l'avis des bureaux du Conseil des Notables qui ont méconnu les droits du Tiers-Etat.

3° Que sa Majesté sera de nouveau supliée d'ordonner que les députés du Tiers-Etat soient au moins en nombre égal à ceux des deux autres ordres réunis.

4° Que la convocation aux Etats-Généraux sera faite par la mesure décrite d'un arrondissement pour que toute la nation puisse être également et suffisamment représentée.

5°.Que le président d'un ordre quelconque, tant dans l'assemblée nationale que dans les assemblées particulières, soit élu par son ordre même.

6° Que les Etats-Généraux et ceux de notre province soient formés à l'instar de ceux du Dauphiné, sauf néammoins les articles 4 et 5 de l'arrêt du Conseil concernant la formation du clergé, les curés devant former la plus grande partie de cet ordre.

7° Que dans les Etats-Généraux les suffrages ne soient point recueillis par ordre mais par tête de délibérant.

8° Que sa Majesté sera encore suppliée de mettre sous les yeux de la nation les décisions et opérations des Notables.

9° Enfin que, dépositaires et interprètes des vœux de cette ville, viguerie et pays des Cevennes, après un examen réfléchi elle persiste de plus fort dans ses sentiments exprimés par la présente délibération et par celle du 19 novembre dernier et qu'elle ne cessera d'y persister, que sa Majesté trouvera dans le peuple des Cevennes des sujets fidèles, pleins de reconnaissance pour la faveur qu'elle fait à la nation de lui rendre ses droits et disposés à soutenir l'autorité royale et l'intérêt public par le sacrifice de leur repos, de leur fortune et de leur vie.

Délibéré en outre, que la présente délibération sera imprimée et envoyée à Nos seigneurs les Ministres du Roi, et à Mgr l'Intendant avec prière de vouloir bien l'appuyer de son crédit.

Lecture faite, les délibérants y ont persisté et signé, et approuvé les différentes ratures contenues dans la présente.

(Suivent 426 signatures au nombre desquelles se trouvent celles de Cardonnet, député de Saint-Jean, Marion, député de Saint-Jean.)

STATUTS

de la Société philanthropique de secours fondée à Saint-Jean-du-Gard le 23 août 1790

Article premier. — La municipalité ouvre une souscription de 120 actions de 75 livres chacune, à laquelle pourront également participer tous les citoyens bienfaisants de cette communauté.

Art. 2. — La souscription une fois remplie, personne ne pourra plus y être admis, et la municipalité convoquera de suite l'Assemblée des souscripteurs qui élira par scrutin et à la pluralité relative des suffrages un président et un secrétaire, lesquels seront changés tous les trois mois et pourront être réélus.

Art. 3. — Il sera également élu, par la même voie, un syndic; en cas d'absence, maladie ou légitime empêchement il sera remplacé par un des commissaires dont il sera fait mention ci-après.

Art. 4. — Il sera encore élu, avec les mêmes formalités, trois commissaires qui seront changés et renouvellés tous les trois mois.

Art. 5. — L'Assemblée pourra valablement délibérer si elle réunit un tiers plus un des souscripteurs.

Art. 6. — Personne autre que les souscripteurs

ne pourra être employé à aucune fonction relative à la direction du magasin de secours.

Art. 7. — Il sera de même élu, à la pluralité des suffrages et par la voie du scrutin, un trésorier, qui tiendra registre des recettes et des dépenses et qui rendra compte au syndic et aux commissaires de la manière exposée ci-après.

Art. 8. — Le président, le syndic et les commissaires sont autorisés à faire un emprunt de la somme de neuf mille livres et de fournir les titres suffisants et valables aux prêteurs sous la garantie de tous les membres de la souscription, suivant l'intérêt qu'ils auront respectivement à la chose.

Art. 9. — L'emprunt, une fois effectué, sera versé dans la caisse du trésorier qui en fera son chargement aux susdits emprunteurs, lequel chargement restera entre les mains du syndic.

Art. 10. — Les citoyens qui préféreront de prêter gratuitement à la souscription au moins la valeur de deux actions, seront admis et réputés membres de l'Assemblée.

Art. 11. — Tous les souscripteurs étant animés du même esprit de bienfaisance rempliront les divers emplois qui leur seront confiés, avec le zèle qui les caractérise, sans pouvoir prétendre à titre d'honoraire, rien autre que leurs déboursés.

Art. 12. — L'Assemblée choisira deux de ses membres pour faire l'achat des grains et autres comestibles, lesquels se concerteront avec les syndics et commissaires; il sera tenu un registre de leurs arrêtés lequel registre restera entre les mains du syndic et sera communiqué à l'assemblée suivante.

Art. 13. — L'Assemblée nommera deux distributeurs dont la gestion ne durera qu'une semaine et qui seront successivement remplacés jusqu'à ce que tous les souscripteurs aient rempli la même fonction ; lesquels distributeurs, quant à la manière de distribution, se conformeront au règlement ci-dessous établi, en se concertant, dans tous les cas, avec au moins le syndic et deux commissaires.

Art. 14. — Le président, le syndic, le secrétaire et les commissaires seront exempts de la fonction de distributeur.

Art. 15. — Le syndic et les commissaires sont chargés de se procurer les magasins suffisants et propres à enfermer les grains et autres comestibles ; lesquels magasins auront deux clefs différentes, dont chacune d'elles sera remise aux distributeurs, de manière qu'ils ne pourront ouvrir le susdit magasin ni vendre les dits grains et aucun comestible l'un sans l'autre et sans aucun prétexte que ce soit.

Art. 16. — Les denrées à acheter pour l'approvisionnement susdit consisteront en touzelle, froment, seigle et châtaignes desquels MM. les acheteurs voudront bien fournir le magasin en telle qualité et quantité qu'ils jugeront convenable, en se concertant à cet égard avec MM. le syndic et les Commissaires.

Art. 17. — Le syndic demeure chargé de tenir

journal des achats, en nombre, qualité, prix et frais d'après le compte que les acheteurs seront tenus de lui remettre : il sera tenu également de coter tous les emprunts pour leurs époques et échéances, ainsi que les intérêts y compris.

Art. 18. — Les commissaires seront astreints à tenir notes des divers prix des grains et châtaignes tous les jours de marché, et d'en remettre le résultat au syndic et aux distributeurs pour s'y conformer : le syndic demeurant obligé d'inscrire les dits prix dans un journal tenu à cet effet.

Art. 19. — Le syndic et les commissaires traiteront avec un mesureur aux meilleures conditions possibles.

Art. 20. — Le magasin de secours ne s'ouvrira que deux jours par semaine, savoir le mardi et le jeudi, depuis neuf heures du matin à midi, et depuis deux heures du soir jusqu'à cinq : sans vouloir néanmoins s'opposer à ce que les dits magasins soient ouverts les autres jours si MM. les syndics, commissaires et distributeurs le jugent nécessaire.

Art. 21. — Le prix du grain qui se vendra pendant la semaine sera fixé d'après celui du marché du lundi, lequel sera coté en tête de l'état du débit journalier, et ni le syndic, ni les commissaires, ni les distributeurs ne pourront s'en écarter sous aucun prétexte de diminution ou d'augmentation.

Art. 22. — Les distributeurs feront attention de ne pas livrer aux mêmes personnes plus de grains et de châtaignes qu'elles ne peuvent en consommer dans l'intervalle de quinze jours, et cela tout autant que les magasins seront suffisamment pourvus : ce qui est laissé à la prudence de MM. les syndics, commissaires et distributeurs.

Art. 23. — Les distributeurs ne pourront livrer les susdits comestibles que comptant et seront tenus de noter sur le registre tant les noms et surnoms des personnes auxquelles ils seront vendus, que la quantité, qualité, prix et date de la livraison, sans être néanmoins responsables du déchet que pourraient éprouver les différentes denrées dans les magasins.

Art. 24. — Les citoyens de cette communauté auront seuls le droit d'acheter des grains et châtaignes dans les susdits magasins et ils seront divisés en deux classes : la première sera celle des ouvriers et artisans; la seconde celle des personnes aisées.

On livrera à la première classe les denrées à deux sols de moins par carte que le prix du marché du lundi, qualité égale; et ceux de la seconde classe au cours dudit marché, toujours qualité égale. Soumettant toutefois les susdites distinctions à la sagesse de MM. les syndics, commissaires et distributeurs.

Art. 25. — Au cas où l'un des distributeurs eut quelque empêchement légitime, qui ne lui permit pas de fonctionner pendant la semaine, il pourra se faire remplacer par l'un des membres de la souscription.

Art. 26. — Les distributeurs rendront compte au bout de chaque semaine aux syndics et commissaires de leur vente, lequel compte sera réglé et clôturé par ces derniers et le montant versé de suite par le syndic dans la caisse du trésorier.

Art. 27. — Afin que la souscription puisse produire tout le bien dont son établissement sera susceptible par la célérité des ventes et achats, qu'elle ne pourrait exécuter elle-même dans les moments de baisse ou d'augmentation accidentelles des denrées, elle autorise le syndic, les commissaires et distributeurs à faire tous achats et ventes, que leur sagesse leur suggérera et qu'exigeront les circonstances en rendant compte à la prochaine assemblée de leurs opérations.

Art. 28. — Les assemblées se tiendront à la maison commune et MM. les membres auront attention d'y paraître avec décence, de garder l'ordre et de ne pas interrompre celui qui aura la parole ; pour l'obtenir il faudra la demander au président. La discussion fermée, M. le président recueillera les suffrages en commençant par sa droite et finissant par sa gauche.

Art. 29. — Toutes convocations extraordinaires, autres que celle qui sera de rigueur chaque premier du mois, sont laissées à la prudence du syndic et des commissaires, qui prieront M. le président de les faire, ou le plus ancien d'âge qui le remplacera dans tous les cas de légitime empêchement.

Art. 30. — Toutes les assemblées des syndics,

commissaires et distributeurs seront présidées par le syndic lorsque le président n'y assistera pas.

Art. 31. — Les dames qui voudront participer à cette bonne œuvre pourront remettre à MM. les syndics et commissaires les sommes qu'elles jugeront bon de prêter gratuitement à la souscription, et recevront des dits syndics et commissaires les titres qu'ils sont autorisés à leur donner; mention honorable de leur générosité sera faite sur les registres de la souscription; leur demeurant, en outre, réservé de prendre telles actions qu'elles voudront.

Art. 32. — Toutes les questions et contestations qui s'élèveront au sujet dudit établissement de secours, sur les emprunts, achats, ventes, redditions de comptes, clôture d'yceux, et généralement sur tout ce qui aura trait à ladite souscription et établissement seront portées et soumises à la décision de l'assemblée, par elle jugées définitivement et sans appel à la pluralité absolue des suffrages des souscripteurs. L'assemblée devra être composée ainsi qu'il a été dit ci-devant par le tiers des membres plus un, et sans qu'aucun d'eux ni des prêteurs puissent réclamer contre les dites décisions sous aucun prétexte que ce soit; cette condition étant expresse, constitutive et de rigueur.

Art. 33. — Il sera fait à la fin de l'année ou plus tôt, si le cas l'exige, un inventaire général. S'il en résulte une perte elle sera supportée par tous les souscripteurs et prêteurs en proportion des actions et prêts, dont chacun d'eux se sera chargé, ou aura fourni; et si, au contraire il en provient un bénéfice, il restera entre les mains du trésorier pour servir à l'approvisionnement d'un nouveau magasin, s'il est jugé nécessaire, ou à tout autre acte de bienfaisance, délibéré par les souscripteurs.

Art. 34. — Le présent réglement sera enregistré en tête du registre de l'assemblée; copie remise à MM. le président, syndic, commissaires, acheteurs et distributeurs et affiché apposé à l'endroit le plus apparent du magasin, pour y avoir recours le cas y échéant.

Art. 35. — Dans les cas qu'on crut devoir ajouter ou retrancher au susdit réglement, on ne pourra le faire qu'autant que l'assemblée soit au moins composée des deux tiers des souscripteurs.

Signé : Teissier, Mazelet, Boudon, Roux, Poussièlgue, Moline, Soubeiran, Cardonnet.

VICTIMES DE LA TERREUR
à St-Jean-du-Gard

Histoire de la Révolution dans le Gard
F. ROUVIÈRE, (Tome IV, p. 140).

Beaux Justin de Maguielle, homme de loi, C. S. (1) Nîmes 29 vend. arrêté le 8 ventôse à St-Etienne-Vallée-Française (Lozère) E. le 10 Palais + le 16 germinal.

Barnier Jean-André, arrêté le 12 brum. C. S. Nîmes L. le 13 frim.

Bertézène Jean-Louis, tanneur C. S. Nîmes 12 brum. E Palais 3 mess. + le 5 therm.

Bordarier Henri, dit *Lolle*, J. D. P. 9 vent. E. Palais et mis L. 9 prair. T. R.

Boudon L., marchand, C. S. 26 flor.

Boudon-Lasalle, père, D. 5 germ.

Boudon-Lasalle, fils, ex-membre du D ; M. Alais 25 flor. était encore E. le 5 germ.

Cardonnet Jacques-Josué, ex-président de l'administration départementale C. S. Nîmes 8 octobre E. cit. 26 niv. T. Palais 3 vent. + 16 germ.

(1) *Abréviations* : A, accusateur public; C. S., comité de surveillance; D, district; E, écroué; L, mis en liberté; M, municipalité; T, transféré; T. R, tribunal révolutionnaire: + exécuté: Cit., citadelle de Nîmes; brum., brumaire; fab., fabricant; fruct., fructidor; frim., frimaire; germ., germinal; J. D. P., juge de paix; flor., florial; mess., messidor; niv., nivôse; prair., prairial; vent., ventôse; nég., négociant.

Dumas Antoine, dit *de Luc,* était E. à Alais le 30 mess. et mis L. le 22 fruct. an III.

Ferbal Jean, maçon, J. D. P. E. Palais 9 vent. et mis L. 9 prair. T. R.

Gairaud Etienne, faiseur de bas, J. D. P. 9 vent. L. 9 prair. T. R.

Gautier Firmin, dit *la Rose,* maçon, J. D. P. 9 vent. et mis L. 9 prair. T. R.

Gairaud Etienne, fabricant..... J. D. P. E. Palais 9 vent. et mis L. 9 prair. T. R.

Hostalier Guillaume-François, (ex-seigneur de St-Jean) C. S. Alais 6 germ.

Laporte André, fabricant..... E. Alais L. le 22 fruct. an III.

Laporte Louis, fabricant..... E. Alais, L. le 22 fruct. an III.

Larose Marie, dite *Lapoule,* couturière, J. D. P. 9 vent. E. Palais et mis L. 9 prair. T. R.

Manoël Jean-Baptiste, noble E. Alais T. à St-Jean et mis L. 22 fruct. an III.

Marsial Jean-Louis, (David, d'après le jugement) nég. J. D. P. E. Palais 9 vent. et mis L. 9 prair. T. R.

Mazelet aîné, ci-devant *Labaume,* nég. à Nîmes (natif de St-Jean) C. S. 4 oct. et 24 brum. et A 30 niv. (s'était caché. Il fut tué, les armes à la main dans sa métairie de Labaume, commune de Peyroles, près St-Jean-du-Gard, par un détachement de gardes nat. le 30 germ.)

Nogarède Pierre, était E. le 3 mess, et mis L. le 22 fruct. an III.

Pascal Pierre, cult. A. 9 vent. T. Palais le 22 L. le 11 fruct. par Perrin.

Rossel Louis dit *le Camard,* boucher, J. D. P., E. Palais 9 vent. et mis L. 9 prair. T. R.

Salvaire Jean-Elie, noble, était E. à Alais T. à St-Jean-du-Gard et mis L. le 22 fruct. an III.

D'André, noble, était E. à Alais T. à St-Jean-du-Gard et mis L. le 22 fruct. an III.

Dupuy... noble, était E. à Alais T. à St-Jean-du-Gard et mis L. le 22 fruct. an III.

Sauvaire... père, C. S. Nîmes 12 brum.

Soubeiran Louis, était E. à Alais 3 therm. T. à St-Jean-du-Gard et mis L. le 22 fruct. an III.

Thérond Jacques, neveu fabricant J. D. P., E. Palais 9 vent. et mis L. 9 prair. T. R.

Liste complémentaire dressée, sur les indications recueillies, dans les Registres des délibérations du Conseil Municipal de St-Jean-du-Gard.

Jean Mazelet, ancien J. D. P., fugitif pendant 9 mois, pour se soustraire au mandat d'arrêt lancé contre lui par le T. R. Ses propriétés du *Razet,* de *Combesomière* et des *Loubatières* furent mises sous séquestre, mais lui furent rendues après le 9 therm.

Marie Perrier veuve Mazelet E. St-Jean-du-Gard.

Marie Mazelet épouse Pascal. id.

Françoise Mazelet. id.

Marguerite Mazelet. id.

Anne Fontane veuve Bordarier. E. St-Jean-du-Gard.
Molines père, fab. & agriculteur. id.
Molines fils. id. id.
Pierre Dumas père, agriculteur. id.
Paul Bordarier. id. id.
Pierre Mazelet. id. id.
Pierre Gervais. id. id.
François Barnier. id. id.
Marguerite Savin épouse Laget. id.
Poussielgue, agriculteur. id.
Henri Mazelet. id. id.
Lefèvre. id. id.
Maximilien Rossel. id. id.
Louis Cabanis, mangonnier. id.

Tous furent mis en liberté le 22 fruct. an III, après avoir été détenus, pendant plusieurs mois, au Château pour lors prison de la ville.

Laporte André, Laporte Louis, Laurent instituteur; Manoël Jean-Baptiste (noble), Nogarède Pierre, Salvaire Jean-Elie (noble), d'André (noble), Dupuy (noble), Soubeiran Louis et Cabanis Louis, d'abord incarcerés à St-Jean-du-Gard, furent conduits à Alais; leur présence dans la prison de St-Jean-du-Gard, paraissant un danger aux révolutionnaires; mais furent transférés, peu après, sur la demande du Conseil municipal de St-Jean-du-Gard, dans la prison de cette ville et eux aussi mis en liberté le 22 fruct. an III.

VALS-LES-BAINS. — IMP. E. ABERLEN ET Cie

www.ingramcontent.com/pod-product-compliance
Ingram Content Group UK Ltd.
Pitfield, Milton Keynes, MK11 3LW, UK
UKHW020605180726
13838UKWH00001B/437